長野県立歴史館開館 25 周年記念　特別企画

土偶展
Special Exhibition
DOGU

はじめに

　縄文時代の祈りの道具とされる土偶は、近年、その造形力の高さやユニークな表情などが評価を受け、国内外の幅広い人びとの関心を集めています。長野県内からは国宝土偶5箇のうち2箇が茅野市で出土しているほか、多数の土偶が見つかっており、土偶文化が栄えた地域の一つと言えます。

　長野県立歴史館では、開館25周年にあたり、長野県の縄文文化を象徴する土偶に焦点をあて、特別企画「土偶展」を2期にわたり開催します。前期展では国宝土偶5箇が一堂に会します。縄文人が生み出した至高の芸術性と祈りの力に触れてみてください。

　後期展では、中部高地各地の土偶を集め、土偶文化の裾野の広さを感じていただきます。ここには、うまい下手、掌サイズから30cmを超える大形品、微笑や怒りの表情を示す例など、さまざまな土偶があります。それぞれの暮らしや願いに寄り添った個性豊かな女神の数々をごらんください。

　仏像、人形、ロボット、アニメキャラクターのグッズ・画像・映像等々、人はなぜヒトガタを必要とするのでしょうか。ヒトガタに想いや願いを託す私たちの感性について、日本列島ではじめてヒトガタの造形物、土偶を使う文化が広がった縄文時代を通して考えてみてはいかがでしょうか。

　　　　　　　　　　　令和元年（2019年）10月
　　　　　　　　　　　　　長野県立歴史館

Preface

In recent years, spiritual clay figurines from the Jomon era, Dogu, have been attracting attention from all over the world because of their delicate modeling and expressiveness.
Nagano Prefecture is known as a famous Dogu production area in Japan, as many Dogu have been excavated here. Two of five National Treasure Dogu were excavated in Chino City .

To commemorate the 25th anniversary of the Nagano Prefectural Museum of History, we will hold a special two-part Dogu exhibition, focusing on Dogu that represent the Jomon culture of Nagano Prefecture. Five National Treasures will be on display in the first exhibition. Please enjoy the artistic works of the Jomon people and feel their spiritual power.

In the second exhibition, Dogu from all over the Chubu Highlands will be displayed. You can learn how Dogu culture spread to the Chubu Highlands. The Dogu here vary in quality, size, and expression. We will show you the various unique goddesses which the ancient people made and used in their daily lives.

Why do people need human figures such as Buddha statues, figurines, robots, and virtual reality images ? We hope that these exhibits, which display Jomon period Dogu, the first human figures used in Japan, will serve as an opportunity for you to reflect on how people have associated human figures with hopes and desires through time.

October, 2019

Nagano Prefectural Museum of History

目次

はじめに ··· 3
凡例 ··· 7

第1章　土偶とは ·· 9
 1　土偶とは ·· 10
 2　土で創る ·· 11
 3　土偶の移り変わり ·· 12
 4　顔のない時代 ··· 14
 5　立ちあがり、意思を示す時代へ ·· 15
 6　大きな土偶、小さな土偶 ·· 16
 7　土器と土偶の関係 ·· 17
 8　バラバラにされるか、納められるか ·· 18

第2章　国宝土偶　～縄文文化の多様な個性～ ·· 19
 1　国宝土偶をみる ·· 20
 2　すっくと立ち、意思を表す　～茅野市棚畑遺跡「縄文のビーナス」～ ················ 21
 　　［コラム］「縄文のビーナス」似の土偶たち ··· 28
 3　ヒトを超越するためのデザイン　～山形県西ノ前遺跡「縄文の女神」～ ············ 29
 4　リアルな身体表現　～青森県風張1遺跡「合掌土偶」～ ································ 35
 5　亡き人に寄り添う　～北海道著保内野遺跡「中空土偶茅空」～ ······················ 41
 6　ゆるぎない活力を願って　～茅野市中ッ原遺跡「仮面の女神」～ ···················· 47
 　　［コラム］縄文時代の仮面と仮面土偶 ··· 58

第3章　中部高地の土偶　～暮らしに寄り添う小さな女神～ ··························· 59
 1　「中部高地」と呼ばれる地域と土偶 ·· 60
 2　土偶作りのはじまり　～中部高地におけるヒトガタの受容～ ·························· 61
 3　暮らしに寄り添う土偶文化の成立 ··· 63
 　（1）概要 ·· 63
 　（2）つながる土偶と独自な土製品　～信越境の中期土偶～ ······························ 63
 　（3）文様と色でわかる製作地　～北信の中期土偶～ ······································ 67
 　　　［コラム］いわゆる河童形土偶 ··· 74
 　（4）土偶にあまり執着しない　～東信の中期土偶～ ······································ 75
 　　　［コラム］胎土から土偶を見る ··· 78
 　（5）南北の情報を巧みに取り入れる　～中信の中期土偶～ ······························ 79
 　　　［コラム］土偶をたくさん持つムラ、持たないムラ ··································· 84
 　　　［コラム］土偶に描かれた渦巻文と「棘」 ·· 90
 　（6）包容する手と張り出す腰　～南信 伊那谷の中期土偶～ ···························· 91
 　　　［コラム］伊那谷の出尻形土偶 ··· 104
 　（7）精選された土偶　～南信 諏訪地区の中期土偶～ ···································· 105
 　　　［コラム］ポーズをとる土偶 ·· 108
 　　　［コラム］土偶の仕舞い方 ··· 116
 　（8）土偶にかける技術と表現力　～山梨県の中期土偶～ ································ 117

目次

  ［コラム］　手乗りサイズの小さな女神 ································ 126
  ［コラム］　土偶の作り方と廃棄 ···································· 135
 4　呪術性を感じさせる土偶へ　～後・晩期の土偶～ ························ 137
  （1）概要 ·· 137
  （2）数少ない土偶を使う　～北・東信の後・晩期土偶～ ················ 138
  （3）エリ穴遺跡にみる多様性　～中信の後・晩期土偶～ ················ 143
  （4）さまざまな仮面　～南信の後・晩期土偶～ ························ 146
  （5）板状土偶と中空土偶　～山梨県の後・晩期土偶～ ·················· 155
  ［コラム］　縄文土偶のおわり ······································ 159
 5　土偶文化の終焉　～弥生時代のヒトガタ製品～ ·························· 162
  ［コラム］　須田剋太筆「縄文」 ···································· 164

第4章　国宝土偶を語る ·· 167
 原田昌幸　「縄文土偶の楽しみ方」 ·· 168
 守矢昌文　「国宝土偶を掘る」 ·· 177

付章　原始・古代のヒトガタ　～当館収蔵品より～ ···························· 185
 1　縄文時代のヒトガタ ·· 186
  （1）概要 ·· 186
  ［コラム］　赤い土器・白い土器・キラキラ光る土器 ·················· 189
  （2）縄文時代中期の土偶装飾付土器と顔面装飾付土器 ·················· 192
  （3）仮面の時代　～縄文時代後期の土偶とそれ以降～ ·················· 193
  （4）晩期の最後を飾る土偶 ···································· 197
 2　弥生時代のヒトガタ ·· 198
  （1）ヒトガタの変容 ·· 198
  （2）土偶と土偶形容器 ·· 198
  （3）人面付き土器 ·· 199
  （4）人形土器 ·· 201
  ［コラム］　弥生時代のヒトガタ ···································· 202
 3　古代のヒトガタ ·· 203
  （1）飛鳥時代～奈良時代の木製人形 ································ 203
  （2）平安時代の塼仏 ·· 206

おわりに ·· 207
展示品目録 ·· 210
参考文献 ·· 223
協力機関・協力者一覧 ·· 224

<凡例>

- 本書は、開館25周年記念特別企画『土偶展』の図録兼書籍として刊行した。
- 本企画は、平成29年度笹本正治館長の発案のもと、考古資料課長（平成30年度総合情報課長）の大竹憲昭が企画し、平成30年度から総合情報課寺内隆夫が主に担当した。
  平成30年度は林誠・水沢教子（総合情報課）、近藤尚義（考古資料課）が補佐した。寺内が総合情報課長となった平成31年（令和元年）度は水沢教子が主担当となり、町田勝則・林誠（総合情報課）、杉木有紗（考古資料課）が補佐した。
- 本書の構成は寺内が企画し、編集は寺内と信毎書籍出版センター近藤弘子があたった。
- 企画展講演会の内容に則して、文化庁主任調査官原田昌幸氏、茅野市尖石縄文考古館館長守矢昌文氏から玉稿をいただいた。
- 執筆は、p223を笹本正治、p78・90・108・135・203~206を水沢教子、p159・p198-202を町田勝則、p126を杉木有紗、p164・165を林誠が担当し、それ以外を寺内隆夫が担当した。
  英訳は水沢教子が原案を作成し、県民文化部国際課の校正を得た。
  挿図作成、校正等は総合情報課職員があたり、学芸部長福島良彦、館長笹本正治の校閲を得た。
- 掲載写真は、以下の機関から提供を受けたものを除き、林誠が撮影した。
- 提供を受けた写真と提供機関・個人は、下記の通りである（アイウエオ順）。
    井戸尻考古館（p17-3・p114・115）
    岩手県立博物館（p58-写真30）
    岡谷市美術考古博物館（p106-106）
    神奈川県立歴史博物館（p16-2）
    栄村教育委員会（p65）
    三内丸山遺跡センター（p15-1）
    塩尻市立平出博物館（p135）
    滋賀県埋蔵文化財センター（p11・168）
    釈迦堂遺跡博物館（p59-写真31）
    諏訪市博物館（p109-112）
    橘　正人（p165-210）
    千曲市教育委員会（p200）
    茅野市尖石縄文考古館（p18・p21~26・p47~57・p169・172・177・178・180・181・183）
    津南町教育委員会（p64・66・68・162）
    成田市教育委員会（p14）
    韮崎市教育委員会（p156）
    函館市教育委員会（p41~46・173上）
    八戸市埋蔵文化財センター是川縄文館（p35~40・174）
    弘前大学人文学部（p9）
    町田市教育委員会（p173下）
    松本市教育委員会（p10-写真1・p143~145）
    南アルプス市教育委員会（p122～124）
    山形県立博物館（p29~31・p34・171）
    山梨県立考古博物館（p163-208・209）
- 本文中にある各資料の所蔵は、読者が本企画展終了後に見学する利便性を考慮し、資料の「収蔵・展示場所」（p210~「展示品目録」）を記載した。実際の所蔵先については展示品目録に「所蔵者」として掲載した。

第1章

土偶とは

ヒトはなぜ、ヒトの形に似せたモノを必要とするのでしょう。
日本列島で、最初にヒトガタ（土偶）が広まった縄文時代に
さかのぼって、考えてみてはいかがでしょう。

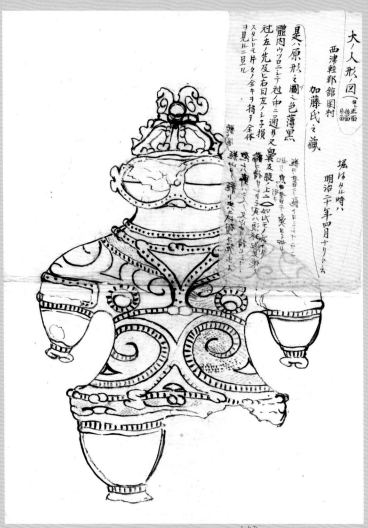

図1　「大ノ人形図」『佐藤蔀(しとみ)考古画譜』
弘前大学人文学部蔵
「土偶と言えば遮光器(しゃこうき)土偶(どぐう)」の代名詞となった
亀ヶ岡遺跡発見の遮光器土偶

1 土偶とは

　土偶は、縄文時代に人びとの祈りや願いを捧げるために作られた素焼きの土人形です。近世以降、盛んに作られた土人形・土雛では、招き猫をはじめ、さまざまな動物が含まれます。一方、日本の考古学では、ヒト以外の動物をモデルとした場合は猪形土製品などと呼び分け、土偶はヒトガタに限定されます。

　旧石器時代（約16,000年前より前）の日本列島には、ヒトガタと認められる土製品は見つかっていません。また、弥生時代（長野県では約2,400年前以降）に入ると土偶はほとんど作られなくなります。現在、全国で2万点を超える土偶が見つかっていますが、そのほとんどが縄文時代の製品です。このように、土偶は日本列島、特に東日本の縄文文化を象徴するモノの一つと言えます。

　土偶と言えば、遮光器土偶が思い浮かぶかもしれません。しかし、それだけが土偶ではありません。人びとの暮らしの中で生じた切実な願いに寄り添うように、各地・各時期で、さまざまな土偶が作られました。

　本章ではまず、土偶の概要をつかんでおきましょう。

写真1　**遮光器の意味がわかっていない土偶**
　　　　松本市エリ穴遺跡　縄文時代晩期　松本市立考古博物館蔵
　　　　縄文時代晩期に東北で盛んに作られた遮光器土偶。長野県内ではわずかしか見つかっていない。しかも、いわゆる「遮光器」は頬の文様になってしまっている。

2 土で創る

　ユーラシア大陸では、後期旧石器時代、すでに粘土を使ったヒトガタ作りが始まっていました。焼き物ではないので残らない（残さない）はずだったのですが、偶然火を受けて硬化し、残ったとされています。

　日本列島で最古級の土でできたヒトガタは、滋賀県相谷熊原遺跡や三重県粥見井尻遺跡で発見された縄文時代草創期（約13,000年前）の土偶です。それ以前に、粘土を使った（焼かない）ヒトガタが普及していたかどうかはわかっていません。石や骨・角を素材とした例が豊富な大陸に比べ、それらが皆無に等しい日本列島では、縄文時代草創期以前にヒトガタが定着していたかは疑問です。

　さて、土偶は土でできています。水を含ませ、形のない混沌状態からヒトに似た形を練り上げ、命を吹き込むことに意義を見出したのでしょうか。元々形のある石・骨・角・木を削って作るヒトガタとは異なる意味があったのでしょうか。わかっているのは縄文時代に普及するのが土偶だという点です。

　火を加えて焼き物にしたことで、形（命を？）を永らえることになった反面、自然消滅しないため、役割を終えた後には壊す必要が生じたようです。

写真2　**日本列島最古級の土偶**
　滋賀県東近江市相谷熊原遺跡　滋賀県教育委員会蔵

3 土偶の移り変わり

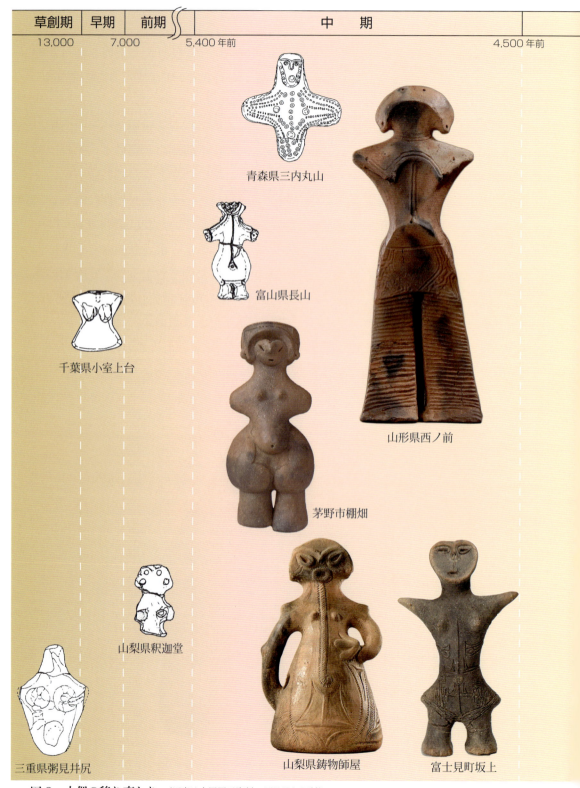

図2 土偶の移り変わり （写真は本展示資料。図はそれ以外）

4　顔のない時代

　日本列島で、縄文時代の初期段階に登場していた土偶ですが、数千年間にわたり製作は低調でした。しかも、恒久的な頭部や顔面をつけなかったため、体部だけでヒトガタとわからせるもの（いわゆるトルソー）でした。縄文人の関心が、新たな生命を宿す女性の体部に集中していたからでしょうか。

　別の見方をしてみましょう。集団で暮らすヒトにとって、顔や目は仲良く付き合える相手かどうかを見極める最重要な情報源だったはずです。ヒトは、点が三つあるだけで人面と勘違いし、「顔文字」のように少ない点と線で表情まで読み取ってしまいます。定住生活のはじまった縄文人にとって、隣人や来訪者の顔は重要だったはずです。ところが、土偶には固定的な顔をつけませんでした。命を吹き込んだ土偶が、いつも願いを叶えてくれる側にいるとは限りません。意思を持つ顔が体と合体していつまでも残ることを嫌ったのでしょうか。

　縄文人が顔の表現に無関心だったとか、下手だったわけではありません。千葉県成田市南羽鳥中岬第1遺跡（約6,000年前）のリアルな表現を見ればわかります。技量があったとしても、意識的に土偶には顔をつけなかった、あるいは残さなかったと考えられます。

写真3
精巧な人頭形土製品
千葉県成田市 南羽鳥中岬第1遺跡
成田市教育委員会蔵

5 立ち上がり、意思を示す時代へ

　中部高地や周辺地域では、大規模集落の形成へと向かい始める縄文時代前期末葉（約5,600年前）から、土偶に顔をつけ、自立させる試みが始まります。

　ヒトに似たカミ（精霊）ならば、二本の脚で立ちあがり、仮想空間で歩くことが求められたのでしょうか。また、明確な意思を表す顔（それを前提として覆う仮面）が必要とされるようになりました。

　中期に入るとすぐ（約5,400年前）、中部高地〜南東北では二本の脚で立つ、有脚立像土偶が広まりました。顔もしっかりつくようになりました。その初期の到達点が「縄文のビーナス」（p21-5）です。ビーナスが誕生する中期前葉末〜中葉のはじめ頃（約5,300年前）には、微笑んだり、怒ったり、さまざまな表情をみせる土偶も作られるようになっていきました。

　一方、東北北部では自立しない板状土偶が発達しました（1）。有脚立像土偶との違いから、祈りを託す際の使い方が異なっていた可能性が考えられます。

1　**板状土偶**　（展示は再現製作）
青森県青森市三内丸山遺跡　三内丸山遺跡センター蔵
再現製作：浅間縄文ミュージアム

6 大きな土偶、小さな土偶

　縄文時代中期中葉（約5,300～5,000年前）、微笑みや怒りなどのさまざまな表情をみせる土偶、土器をかかえるなどのポーズをとる土偶、土鈴として使える鳴る土偶等々、さまざまな土偶が作られるようになりました。

　大きさもさまざまです。多くの人びとの前で披露する必要が生じたためか、より大きな土偶が求められたと考えられます。

　一方、赤ちゃんの手のひらに納まるような、高さ3センチあまりの極小土偶（155）も作られました。これだけ小さければ、個人でひそかに願いを込めるために大人が持っていたのか、お守りとして子どもに持たせていたのか等々、想像がふくらみます。

2　巨大な頭部　（展示は再現製作）
神奈川県横浜市公田ジョウロ塚遺跡　神奈川県立歴史博物館蔵
再現製作：浅間縄文ミュージアム
頭部のみで、高さ17.7センチを図る大形品

155　極小土偶　（後期展に出品）
山梨県甲州市宮之上遺跡　甲州市ぶどうの国文化館蔵
頭部はないが、高さ3センチほど

7 土器と土偶の関係

　焼き物という点で土器と土偶は近い関係にあります。さらに、両者の文様や文様を描くための道具には共通性があり、作り手が同じだった可能性が高いと言えます。土器作りの主役が女性とする説が正しければ、土偶のほとんどが女性をモデルにしていること、子どもを授かる表現が多いこともうなずけます。

　土偶が大量に作られ始める縄文時代中期前葉（初頭）の終わり頃（約5,400年前）、八ケ岳西南麓で土器の縁にしがみつくような例（p110-113）が登場します。その後、土器と合体した土偶はさらに発達を遂げていきます（3）。ただし、土偶とは違った顔が多く、土偶と同じカミ（精霊）を表現したとは限らないようです。

　一方、中期中葉（約5,300～5,000年前）には、顔面装飾付土器の製作も盛んになりました。こちらは、頭部に土偶と似た髪飾りや耳飾りをつけ、顔の表情も似た例が多く、土偶と近いカミ（精霊）を表現した可能性があります。土偶の体内が子宝などの豊かさの象徴とすると、土器の体内が豊かな食の象徴だったのかもしれません。

3　**土偶装飾付土器**　（複製）
富士見町藤内(とうない)遺跡　重要文化財　井戸尻考古館蔵
複製：当館蔵

8 バラバラにされるか、納められるか

　ほとんどの土偶はバラバラになった状態で発見されます。大規模な発掘調査で、すべての破片を拾い集めても、元の形に戻せた例はほとんどありません。こうしたことから、土偶は祭式中に割られムラの内外にバラまかれる。あるいは、ムラの外からやって来た祭式参加者に分与される。土偶が勝手に再生しないようバラバラに葬るなどの説があります。

　土偶の多くは、はじめから割れやすいように作られていたとも言われ（p135）、茅野市稗田頭（ひえだがしら）B遺跡では、鋭利な刃物でお腹を割ろうとした痕跡が残っています（p109-111）。また、飯田市城陸（じょうろく）遺跡（p100-98）では、割られた後に、体の一部だけを埋納していたことがわかっています。

　このように、役割を終えた土偶のほとんどはバラバラにされています。

　ごくわずか、完全に近い形で埋納された例があります。国宝や重要文化財に指定されている大形で、丁寧に作り込まれた土偶です。ただし、これらも完全な姿で葬られたわけではありません。体の一部がなかったり、割れていたりしています。茅野市中ッ原遺跡「仮面の女神」では故意に片脚を割り、その破片を脚の内・外部に納めていました（p54）。縄文人は仮想空間で土偶が歩き出すことを防ぐため、脚を折って葬る必要を感じていたのでしょうか。

写真4　仮面の女神出土状況　（展示室では4再現製作品）
　　　茅野市中ッ原遺跡　　茅野市尖石縄文考古館蔵
　　　再現製作：浅間縄文ミュージアム

第2章

国宝土偶
～縄文文化の多様な個性～

　国宝土偶に対面すると、各々が強烈な個性をアピールしてきます。

　1万数千年に及ぶ人びとの営みを「縄文」、それぞれの願いを「土偶」の一言でまとめてしまわないことが大切です。

　「縄文のビーナス」と「中空土偶」の間には、約2,000年の時間と、現代の道路を使っても約920kmの空間が横たわっています。

　一堂に会した国宝土偶を見比べ、各々の地域と時代の想いを感じてみてください。

図3　国宝土偶の出土地
　　8「中空土偶茅空(ちょぼないの)」北海道著保内野遺跡、7「合掌土偶」青森県風張(かざはり)1遺跡、6「縄文の女神」山形県西ノ前遺跡、5「縄文のビーナス」茅野市棚畑(たなばたけ)遺跡、9「仮面の女神」茅野市中ッ原遺跡

1　国宝土偶をみる

（1）世界文化に誇る優れた造形美

　文化財保護法の中で、国宝は「重要文化財のうち世界文化の見地から価値の高いもので、たぐいない国民の宝たるもの」と謳われています。国宝土偶は、世界の先史文化の中において、その優れた造形美が認められました。

（2）完全な形

　優れた作品と認められたとしても、破片しか残っていないようでは全体像がわかりません。意図的に壊されたとされる土偶の中で、完全な形か、それに近い残り方をしていた例はごくわずかです。本来の姿がわかる点が大事です。

（3）考古資料として

　だれが、いつ、どこで作ったのか分からないようでは困ります。縄文時代の考古資料では個人名はわかりません。その代わり、発掘調査等によって、どこから、どのような状態で出土したのか、作品の特徴はどうなのか等を詳細に分析します。研究の裏付けを得た上で、何時代の、どの地域集団に属する作品なのか、その時代でどれほど優れた作品なのかを明らかにすることが重要です。

写真5　国宝土偶の背比べ
　　　左から6「縄文の女神」、5「縄文のビーナス」、9「仮面の女神」、7「合掌土偶」、8「中空土偶茅空」

2 すっくと立ち、意思を示す
～茅野市棚畑遺跡 「縄文のビーナス」～

＜縄文文化の多様な個性＞
２本の脚で自立する大形土偶の登場

明確な意思を示すように感じさせる顔面

縄文時代中期から本格的に作られた有脚立像土偶、初期の最高峰

多くの人びとの祈りを一身に受けたのだろうか

5 「縄文のビーナス」
　茅野市棚畑遺跡　縄文時代中期
　国宝　茅野市尖石縄文考古館蔵

頭頂部

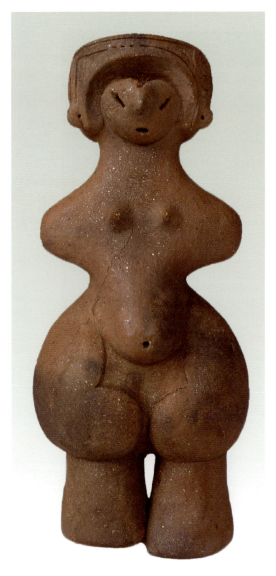

正面

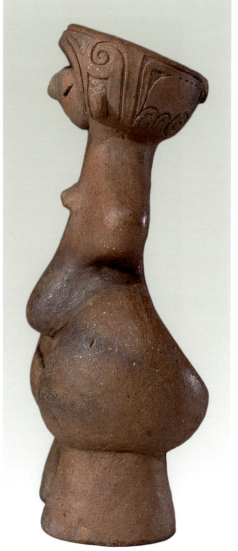

左側面

 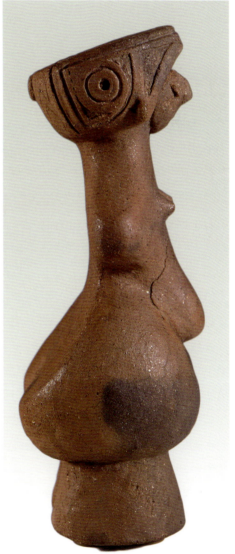

背面　　　　　　　　　　　　　右側面

第 2 章　国宝土偶　23

> 「縄文のビーナス」プロフィール
>
> 指定名称：土偶／茅野市棚畑遺跡出土　　愛　称：縄文のビーナス
> 時　代：縄文時代中期中葉（約5,300年前）
> 大きさ：高さ27.0cm、幅12.0cm、厚さ9.2cm、重さ2.14kg
> 特　徴：有脚立像土偶。帽子をかぶったような頭部にハート形の顔面がつく。腕などの表現は略され、妊娠を思わせる腹部と臀部の張り出しが強調される。粘土に雲母が混ざり、表面は丁寧に磨き込まれている。
> 経　緯：棚畑遺跡は、茅野市米沢の工業団地建設に伴い、昭和61（1986）年に発掘調査が実施された。大形土偶は、縄文時代中期の環状集落中央部の土坑に納められていた。平成7（1995）年6月15日、縄文時代の文化財としてはじめて国宝に指定された。

（1）「縄文のビーナス」誕生

ア　求められた女神像

　中部高地で集落数が増大へ向かう縄文時代中期（約5,400年前以降）、顔面つきの有脚立像土偶が盛んに製作されるようになりました。「縄文のビーナス」は、この時期としては超大形で、ムラの中央部に壊されずに埋められていたことから、他の土偶とは違う、特別な存在だったと考えられます。こうした状況から、個人の意思だけで作ったとは考えにくいものです。ではなぜ、人びとは超大形・立像・顔面のある土偶を求めたのでしょうか。

　特徴は小形土偶と同じく、妊娠を示す腹部と、ふくよかな臀部（でんぶ）です。子宝に恵まれることなどが最大の願いだったことは小形土偶と共通だったと思われます。少人数で祈る場合は、手のひらサイズで充分だったでしょう。しかし、人びとが集まって祈る場では大形化が必須です。また、祭式中に呪術師が手に持ったり、吊るしたりといった補助が必要ない存在に格上げするためには、自立させる必要があったのかもしれません。他の動物と比べ、ヒトの優越性を感じさせる特性は、二本脚で立ち、歩くことです。最高のカミ（精霊）も二本脚で自立し、仮想空間を歩かせる必要を感じていたのでしょうか。

　明確な顔面表現は中部高地の特徴です。ハート形の顔は縄文時代前期から踏襲された地域の伝統的なカミ（精霊）の顔（図11）だったようです。意思を示し、それを人びとが読もうとする顔の存在（それを前提に隠す「仮面」）は、土偶がそれだけ強い力を持つことになったと考えられます。一方、その力を放置するわけには行かず、土偶の仕舞い方（葬り方）も整えられていったと考えられます。

イ 大形化、自立の要望に応える技術

　では、製作者はどのように人びとの要望に応えたのでしょうか。
ほぼ同時期、大形化の試みが各地で始まります。一つは、土器のように粘土紐を輪積みして作る中空土偶（p68-35）です。もう一つは本例のように粘土塊を重ねる方法です。その手順はX線透過画像（写真6・7）で確認することができました。生焼けの箇所もみられ、前例のない大きさを焼き上げなければならなかった製作者の苦労の跡が偲ばれます。

　また、表面を化粧土が覆い丁寧に磨き込まれていること、雲母片が浮き立つようにしていること、土器とは異なる鋭利な工具で丁寧な装飾が施されていることなど、仕上げ段階を見ても、手の込んだ特別な作品であることがわかります。土器製作や造形に長けた第一人者が、精魂込めて造り上げた作品だったと考えられます。

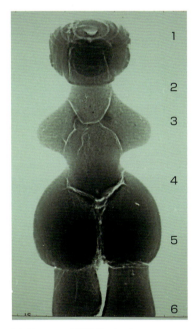

写真6　**X線写真**（CR）
粘土塊のつなぎ目が白い線でわかる

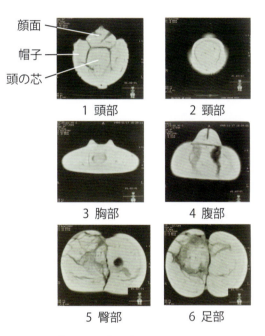

写真7　**X線写真**（CR）
粘土塊のつなぎ目や、芯棒の穴などがわかる

順序	（1）	（2）	（3）	（4）	（5）
	骨格作成	組立	肉付	外装	整形
作業工程	首頭部（凸形） 胴　部（凹形） 脚　部（凸形）	結　合	顔面・冠帽部 腹部 臀部・大腿部	外皮塗布	顔面彫刻 乳房突起 臍穴

図4　**製作工程の復元**　（宮坂1986より）

（2）「縄文のビーナス」の仕舞い方

ア　いつ作られ、どう使われたのか

　「縄文のビーナス」には時期のわかる土器が伴っていないため、製作時期には複数の説があります。数少ない文様や、胎土に雲母片を混ぜるなどの特徴からすると、中期中葉の初め頃（約5,300年前）かその前後とする説が有力です。また、坑に埋められるまでの使い方や、使用期間についても謎が残っています。

イ　仕舞い方を見る

　通常の土偶は、割られ、バラバラに仕舞われることが多いのですが、本例は、完全な姿のまま丁寧に埋納された数少ない例です。

　ただし、土偶専用に掘られた坑ではなく、坑の中央に背を向けて左端に寄せて埋められていました（写真8）。中央には黒色土が堆積しており、土偶に関わる何か（年月とともに腐ってしまうもの）が埋められていたようです。

　仕舞われた場所は、環状集落の中央部であり、ムラ全体に関わる存在だったことがうかがえます。

写真8　第500号土坑ビーナス出土状況

写真9　ビーナス出土状況アップ

写真 10 杖突峠から八ヶ岳西麓を望む
棚畑遺跡は、手前左の永明寺山の影になっている（↓）。左手奥が黒曜石の原産地遺跡群、低地部を北（左）に行くと諏訪湖を経て塩尻峠へ、南（右）の山麓沿いを行くと山梨県に到達する。杖突峠を西（後方）に下れば、伊那谷に出る。いずれの地にも、「縄文のビーナス形」似の土偶が広がる。

(3) 棚畑遺跡と「縄文のビーナス」

　「縄文のビーナス」が生まれた縄文時代中期中葉の初め頃（約 5,300 年前）、裏手に黒曜石原産地を控えていることもあり、棚畑のムラからは北陸系、東海系をはじめとする遠隔地の土器が多く見つかっています。さまざまな地域から来訪者があったと考えられます（写真 10）。また、竪穴建物の軒数が増加しはじめる時期にあたります。このように、棚畑ムラが繁栄に向かう時期に「縄文のビーナス」は誕生しました。

　大規模なムラの内部に関わる祈りだけでなく、遠隔地からの来訪者に対しても、棚畑ムラの繁栄を象徴する大形土偶をお披露目する必要があったのでしょうか。あるいは、ムラが発展に向かう一時期、大きな苦難に直面する時があり、特別な土偶が求められたのでしょうか。ムラの詳細な動きの解明と大形土偶の関係は、これからの大きな課題です。

<コラム>

「縄文のビーナス」似の土偶たち

　松本盆地南部から山梨県にかけて、「縄文のビーナス」に似た顔や姿形を持つ土偶が点在している。祈りの対象として、共通のカミ（精霊）が存在した地域が中部高地に広がっていたと言えよう。問題は、なぜここまで似た土偶を作ることができたのかといった点である。

　「縄文のビーナス」の頭部の作り方は、芯となる部分に、ハート形の顔面と帽子状の部分を巻き付ける手法である。顔面の特徴や粘土を巻き付ける手法などは、中期土偶の初期段階から前述の地域に広がりを見せている（p80-54 ほか）。製作技術的には問題はなかったとみられる。同じカミ（精霊）の顔形が想像でき、技術があったとしても、それ以上に似ている土偶となると、同一製作者か、あるいは、モデルとなる土偶をよく見知っている製作者（近しい関係の同僚か直系の次世代など）の手になるコピー土偶（三上 2018）であろう。

　平出遺跡例（p81-58）は、同遺跡で出土した他の土偶と焼き色や混和材で違いが見られる。ただし、棚畑遺跡例（p21-5）とも大きく異なっている。土偶がどこで作られ、どのような祭式がどこで行われたのか、なぜ頭部のみが平出遺跡に残ることになったのか等々、謎は大きい。

　「縄文のビーナス」は、縄文時代中期中葉と通して2・3百年に渡って伝世され、その間にコピー土偶が製作されたのではないか、との想定もある。しかし、多くのモノが短期間（ほぼ一世代）で送られ（葬られ）ていく中、特別な思考が働いたのだろうか。前提から見直す必要もあろう。土偶は謎に満ち溢れている。

（寺内隆夫）

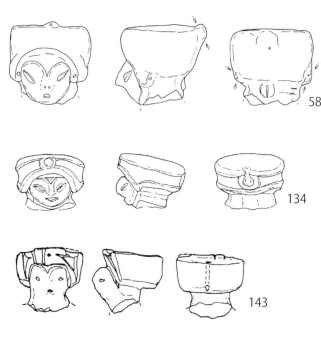

図5　「縄文のビーナス」似の土偶
58 塩尻市平出、134 山梨県鍋物師屋、
143 山梨県宮之上

3 ヒトを超越するためのデザイン
～山形県西ノ前(にしまえ)遺跡 「縄文の女神」～

＜縄文文化の多様な個性＞
　　丸みの多い土偶の中で、際立つシャープな稜線
　　有脚立像土偶を大形化するためのバランスと無駄を省く削り込み
　　ヒトガタでありながら顔・腕はなく、超越した存在を感じさせる逸品

6　「縄文の女神」
　　山形県舟形町西ノ前遺跡　縄文時代中期
　　国宝　山形県立博物館蔵

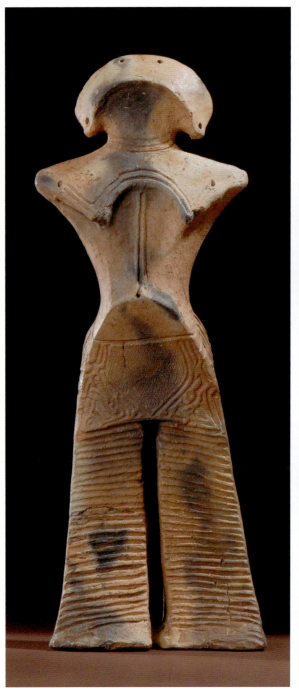

正面 　　　　　　　左側面

背面　　　　　　　　　　右側面

> # 「縄文の女神」プロフィール
>
> 指定名称：土偶／山形県西ノ前遺跡出土　　愛　称：縄文の女神
> 時　代：縄文時代中期
> 大きさ：高さ 45.0cm、幅 17.0cm、厚さ 7.0cm、3.155kg（復元重量）
> 特　徴：有脚立像土偶を大形化するため、上半身を薄い板状にし、無駄な粘土を削ぎ落し、シャープな稜線を生んだ。裾が広がる角柱状の脚が全身支える。生焼けを防ぐためか、脚内部の粘土が削り込まれている。顔や腕は表現されず、乳房などの表現も抽象的で、ヒトガタでありながら、ヒトを超越した存在を感じさせる。
> 経　緯：国道13号線バイパス道路の建設に伴い平成4（1992）年の発掘調査で発見された、平成24（2012）年6月30日、国宝に指定。縄文の女神を除く土偶47点（土偶残欠）も、国宝附指定を受けている。
> 出土遺跡：最上郡舟形町を東から西へ流れる小国川、その河岸段丘上に立地する。川に向かい北に張り出した台地上に縄文時代中期の集落がある。
> 出土状況：土偶は、集落の南よりにある沢跡から、頭・胸・腹・腰・両脚に分かれた状態で、約6m四方の範囲内から見つかった。他の土偶残欠は全身像がわかるまでに接合・復元できないことから、本例は特別な仕舞われ方をされた可能性がある。

（1）「縄文の女神」への到達

ア　求められる女神像

　縄文時代中期、「縄文のビーナス」よりやや遅れて、製作されたと考えられています。乳房、飛び出すお腹と妊娠を表す正中線、後方に突出した臀部などは、ビーナスとも共通しており、子を宿す女性像の表現要素はそろっています。腕の先が省略している点も「縄文のビーナス」と共通しています。

　「西ノ前型」とも呼ばれる立ち姿の土偶は、南東北に広がっており、この地域の人びとの願いをくみ取ってくれるカミの姿だったと見られます。

イ　大きさを求めるための技術

　この土偶に求められたのは、大きさだったのでしょうか。そのため、板状の上半身は無駄な粘土が少しも残らないように、削ぎ落されています。一方、自立させるための脚部は、パンタロン状に裾を広げ安定させています。脚部下端の肉厚部分は、生焼けになる危険性があるためか、脚部内側の粘土を丁寧に削り取るという注意深さがみられます。これらの工夫により、全身像のわかる土偶では最大の有脚立像土偶が完成したのです。

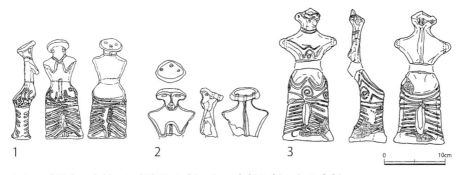

図6 「縄文の女神」に類似した顔のない土偶と顔のある土偶
　　1　宮城県中ノ内A遺跡　2　山形県落合遺跡　3　山形県原ノ内A遺跡

　中部高地の縄文時代中期土偶との大きな違いは、顔面表現のない点です。この地域の中期土偶には、顔のあるものとないものが存在しています（図6）。ヒトを超越した存在であることを強調するため、あえて顔の表現を省いていたのかもしれません。徹底した磨き込みも、この土偶が他とは違う存在であることを示しています。

（2）「縄文の女神」の仕舞い方

　他の国宝土偶の出土状況と違い、環状集落南側の沢部で土器や他の土偶とともに出土しています。ただし他の土偶は、バラバラに出土し、接合しても全身像がわかる例はありませんでした。これに対し、「縄文の女神」だけが、6mほどの範囲に集中して出土し、全身像を復元できたことは、他の土偶とは異なる仕舞い方がなされた可能性があります。

（3）西ノ前遺跡と「縄文の女神」

　西ノ前遺跡の調査では46点が出土しています。その特徴は縄文の女神に似た「西ノ前型」か、それに近い土偶が数多く存在していることです。それらは推定高で15～25cmが最も多いとされています。信仰対象となったカミの最上位に「縄文の女神」が位置づけられたのでしょうか。西ノ前遺跡は山形県内を貫く最上川の支流小国川流域、舟形盆地の中核的なムラの一つであり、周囲のムラの住人も含めた信仰対象だったのかも知れません。
　「西ノ前型」の土偶は、山形県の内陸部から宮城県南部にまで広がっており、同じ信仰に支えられた文化圏が広がっていたことがわかります。

写真11　西ノ前遺跡　「縄文の女神」などが出土した沢状の凹地

写真12　西ノ前遺跡調査区全景　南東より

4 リアルな身体表現
~青森県風張1遺跡　「合掌土偶」~

＜縄文文化の多様な個性＞

国宝唯一の座像

仮面に隠された表情まで気にかかる写実的な身体表現は、

祈りか、座産か、あるいは・・・と想像を誘う

住人との関係が濃密だったのか、竪穴建物内に仕舞われた

7　「合掌土偶」
　　青森県八戸市風張1遺跡　縄文時代後期後葉
　　国宝　八戸市埋蔵文化財センター是川縄文館蔵

正面

背面

左側面

第2章 国宝土偶 37

> # 「合掌土偶」プロフィール
>
> 指定名称：土偶／青森県八戸市風張1遺跡出土　　愛　称：合掌土偶
> 時　代：縄文時代後期後葉（約3,500年前）
> 大きさ：高さ19.8cm、幅14.2cm、奥行き15.2cm
> 特　徴：膝を立てて座り、祈るように手を合わせる姿勢を、精巧な作りで写実的に表現している。頭部には無表情に近い仮面をつける。折れていた脚が接合し、完全な形に戻せた希少な例である。
> 経　緯：断続的に調査が実施された風張1遺跡で、平成元（1989）年、第15号住居跡から出土した。平成9（1997）年に、土器なども含めた出土品664点が重要文化財指定（ほか附2点）を受け、その中から、平成21（2009）年7月10日、本土偶が国宝となった。
> 遺　跡：風張1遺跡は、太平洋に流れ込む新井田川の右岸、北西側に突出した標高20～30mの舌状台地上に立地する縄文時代後期の環状集落である。
> 出土状況：土偶は、後期後葉の竪穴建物跡の床面近くで、奥壁に寄りかかるように出土した。外れていた左足は、西側に2.5mほど離れた同じ建物内の奥壁際、床面で見つかっている。

（1）卓越した「合掌土偶」の身体表現

ア　卓越した造形力

　脚を自然体に開き、膝を立てて座り、正面で手を合わせた土偶は、秀逸の作品です。身体バランスや仕草、端正な顔面などの表現、丁寧な装飾や磨き込みなどとともに、秀でた造形力が必要だからです。顔は無表情な仮面に見えますが、祈る側の感じ方で、さまざまな表情に変わりそうな気配が感じられます。仮面の裏は慈愛に満ちた表情なのか、憂いに満ちていたのか、座産の苦痛で歪んでいたのか、それともトランス状態に入ろうとしていたのでしょうか。縄文時代の祭式中にあっても、一般の人には解釈

写真13　赤彩の上にも付着するアスファルト

できないように仕組まれていたのかもしれません。赤彩も所どころ残っており、本来は全身真っ赤な、異様な姿だったとみられます。
　では、どのように使われたのでしょうか。この土偶をある程度の高さに設置、あるいは手で掲げれば、正面から目に入って来るのは女性性器です。座産の表現

でなかったとしても、祈りの主目的は子を授かることに関わる内容だったと考えられます。ただ、出土した他の70点と異なり、唯一完全な形に復元できたことは、この土偶が特別な存在だったことを物語っています。

イ　竪穴建物内で利用されたのか

　埋まりかけた竪穴建物跡で、割った土偶を仕舞う例は多くありますが、全身を復元できた例はほとんどありません。本土偶は、割れて飛び散った形跡がないことから、壁上から転げ落ちたとか、打ち捨てられたのではなく、奥壁際に仕舞われたと考えられます。ま

写真14　壊れた脚は天然アスファルトで補修

た、単に置き去りにされたのでないことは、割られた左脚が 2.5 mほど離れた床面上にあった点から推測できます。役割を終えたカミが仮想空間を勝手に歩かないよう、意図的に脚が外され、念のため、片脚だけを遠くに置いたのではないでしょうか。

　竪穴建物跡の床面に丁寧に仕舞われていた点から、この建物に関わる人物が、ここで祭式を執り行っていたと推測されます。しかも、破損した脚部は天然アスファルトで丁寧に補修していることから、折れた（折った？）脚を直し、何度も使われていたことがうかがえます。

写真15　竪穴建物跡の奥壁際に土偶が横たわっていた

(2) 風張1遺跡と「合掌土偶」

写真16　「合掌土偶」の出土状況

写真17　左脚の出土状況
本体の西側2.5mの壁際・床面で見つかった。

写真18　風張1遺跡遠景
国史跡是川(これかわ)遺跡（2）に隣接し、現在は、八戸市の海岸線まで4～5kmをはかる。

　中部高地の縄文時代後期後葉と言えば、寒冷化によって遺跡数が減ってしまった時期にあたります。緯度からすれば北に位置するこの地域では、どうやって生活を維持し、土偶文化を継承したのでしょうか。

　八ケ岳西南麓との違いは、何といっても写真18にも見えるように海が近い点です。海産資源だけでなく、秋には大量に遡上してくるサケが見込まれます。

　風張1遺跡では、太平洋と遺跡周辺の丘陵地の資源に育まれ、ムラが発展し、優れた土器、石器、漆製品などの工芸品が生まれています。

　それでも、子宝に恵まれるかどうか、また、出産に伴うリスクは、最大の課題だったのでしょう。最高のカミ（精霊）を招くため、造形技術の粋をつぎ込んで製作した土偶への祈りは不可欠だったと考えられます。

5 亡き人に寄り添う
～北海道著保内野遺跡　「中空土偶茅空」～

＜縄文文化の多様な個性＞

　　自立できない有脚立像土偶

　　超越したカミとしてよりも、親しげな表情とヒトに近い身体表現

　　副葬品として墓坑に埋納

8　「中空土偶茅空」
　　北海道函館市著保内野遺跡　縄文時代後期後葉
　　国宝　函館市縄文文化交流センター蔵

正面

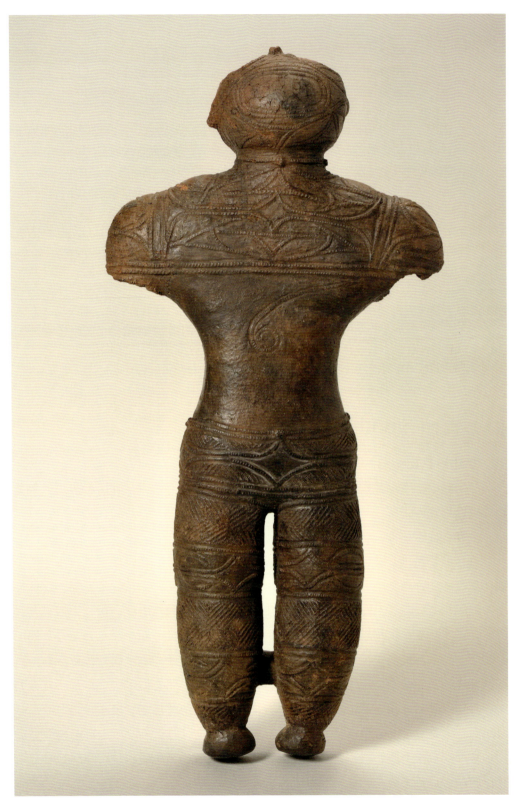

背面

「中空土偶茅空」プロフィール

名　　称：土偶／北海道函館市著保内野遺跡出土　　　愛　　称：中空土偶茅空（かっくう）
時　　代：縄文時代後期後葉（約3,500年前）
大 き さ：高さ41.5cm、幅20.1cm、重さ1.745 g
特　　徴：40cmを超える大形品で、中空土偶としては最大を誇る。長い脚はあるが足下が小さく自立できない。頭部の突起（髪飾？）と両腕が欠損しているが、全身像を知ることができる。2mmほどしか厚みのない箇所もある中空土偶で、体形や表情などは写実的、装飾も秀逸である。たぐいまれな造形力を示す作品である。
経　　緯：昭和50（1975）年、農作業中に偶然発見された。その後、出土位置と遺跡の内容などを確認する発掘調査が行われ、墓の一つに納められていたことが判明した。昭和54（1979）年に重要文化財に指定。平成19年（2007年）6月8日に北海道初の国宝に指定された。
出土遺跡：著保内野遺跡は、北海道南部亀田半島の北よりに位置し、噴火湾（太平洋側）に面した低位段丘上に立地する。縄文時代後期後葉の小規模なストーンサークルがあり、周囲には同時期の集団墓地が作られていた。
出土状況：偶然の発見だが、後の調査でお墓に副葬された可能性が高いとされている。

（1）ヒトに近い土偶を作る

ア　求められた造形

　あごに髭のような表現（入れ墨説も）や、お腹のふくらみや乳房の表現も控えめな点は男性的です。一方、正中線などの女性を現す表現も見られます。カミ（精霊）に性別は関係ないということなのかも知れません。

　これらの特徴は、この土偶に求めた著保内野の縄文人の願いが、それまでの土偶と異なっていたためと考えられます。土偶の多くは、妊娠状態や乳房、女性性器を強調していることから、子宝に恵まれることに関わりの深い祈りの道具とされています。また、超越的なカミを表現するため、あえて顔をなくしたり、異形の顔だったり、仮面を被ったりしていました。ところが、本土偶ではそうした点が影を潜めています。目・鼻・口の部分は他の後期土偶と似ていますが、丸みのある親しみのある顔立ちになっており、体形もヒトを感じさせます。大形でありながら、自立できない足にしている点から、祭式を執り行う際、人びとの前で自立させなかったと思われます。個人に寄り添わせることを最初から意図して造られたのかもしれません。

（2）いつ作られ、いつ仕舞われたのか

ア　高度な技術力

造形技術のすばらしさは表面観察とともに、レントゲン画像で内部を観察することで知ることができます。成形は土器作りと同様、粘土紐を輪積みしています。ただし、厚さ2mmという部分もあり、大形でありながら軽く仕上がっています。この点でも、安定して自立させることは求めていなかったと思われます。また、焼きムラが生じて割れないよう、脚に挟んだ壺が左右の脚とつながり、焼き上げの際に空気が循環するような工夫もされています。

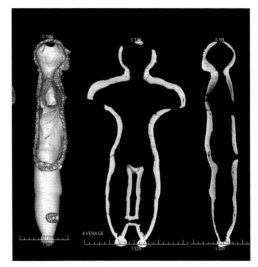
写真19　X線画像

耳やおへその周囲には黒漆が残り、股には赤漆も残っています。もし、全身に漆が塗布されていたものが剥げ落ちたとすると、生前から所有者に寄り添い、使われていたのかもしれません。

ウ　仕舞い方をみる

発掘調査では、お墓に伴っていたとされています。北海道の後・晩期には、このようにお墓に土偶が伴う場合があります。ひじょうに繊細な作りの土偶だけに、丁寧に埋納されたことがわかります。ただし、頭上の突起と両腕は、お墓をはじめ調査区内からは見つかっておらず、埋納する前に別の場所に仕舞われたと考えられます。

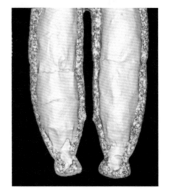
写真20　輪積みの痕跡

写真21　後の調査で確認された墓坑

（3）著保内野遺跡と中空土偶

　製作者など、あらゆる情報が不足している考古資料では、調査によって時代や地域の特定、製作・使用・廃棄状況などを明らかにする必要があります。

　偶然発見された著保内野遺跡の土偶も、その後の調査で、縄文時代後期後葉のお墓に副葬されていたことがわかりました。

　遺跡は、太平洋を間近に望む高台の上にあり、ヒスイ製の垂飾も出土しています。豊富な海産資源と海上交通の要所として、優れた土偶を保有できる経済力と文化力を兼ね備えていたと考えられます。

写真22　平成18（2006）年度調査区全景
　小規模なストーンサークルと土偶出土墓坑の関係などが明らかになった。

写真23　著保内野遺跡上空から噴火湾を望む

6 ゆるぎない活力を願って
～茅野市中ッ原遺跡 「仮面の女神」～

＜縄文文化の多様な個性＞
揺るぎない、絶対に倒れないための巨大な両脚
力の源泉か、数多く描かれた渦巻き文
緩さのないシャープな逆三角形仮面
仕舞い方の詳細がわかる貴重なデータ

9 「仮面の女神」
　茅野市中ッ原遺跡　縄文時代後期前葉
　国宝　茅野市尖石縄文考古館蔵

正面

頭頂部

左側面

背面

> 「仮面の女神」プロフィール
>
> 指定名称：土偶／茅野市中ッ原遺跡出土品　　愛　称：仮面の女神
> 時　代：縄文時代後期前葉（約 4,000 年前）
> 大きさ：高さ 34.0㎝、幅 24.0㎝、重さ 2.7kg
> 特　徴：逆三角形の面をつけたような姿から仮面土偶と呼ばれる。内部が空洞となる中空土偶。巨大な筒状の脚でしっかりと自立する。渦巻文を特徴とする衣をまとったようなデザインでありながら、女性性器を露出させている。
> 経　緯：農地基盤整備事業に伴う発掘調査が実施され、2年目の平成12（2000）年に発見された。平成18（2006）年に重要文化財、平成26（2014）年8月21日に国宝に指定されました。また、土坑群から出土した同時期の土器8点が 附 指定になっている。
> 遺　跡：八ケ岳西麓にのびる丘陵上に位置し、標高は 950 m をはかる。縄文時代中期・後期の大集落跡である。後期集落の中央付近に墓坑と見られる土坑群があり、本土偶は、独立した小規模な土坑から出土した。

（1）八ケ岳西南麓の繁栄を再び

ア　求められる女神像

　中部高地では中期末葉に、寒冷化に伴ってムラの数が激減し、残ったムラでも竪穴建物の数が減ってしまいました。これと並行するように土偶の製作数も大きく落ち込みました。その後、後期前葉（約 4,000 年前）になると、ムラや建物数ともに回復傾向を見せます。土偶製作も復活を遂げ、関東のハート形土偶の影響を受けた仮面土偶が作られるようになります。こうした中、満を持して作られたのが「仮面の女神」です。

　本土偶は、先行する辰野町新町泉水遺跡（p146-179）や、山梨県韮崎市後田遺跡（p156-197）に比べ、飛びぬけた大きさを誇ります。また、体部に比べて巨大な脚部は、絶対に転ばせてはいけないといった強い意思が感じられます。顔面も前二者では、多少の緩さが残りますが、本土偶では逆三角形に引き締まっています。二度と中期末葉のような苦しい時代が来ないよう、ムラや地域の繁栄を願い、ゆるぎない活力を人びとに示すために作られた大形土偶だったと思われます。

イ　「仮面の女神」を作る

　隣接する埋葬人骨の顔面にかぶせられた浅鉢（p54-10 や p55-11）と似た文様が「仮面の女神」体部に認められることから、製作時期は、後期前葉（約 4,000

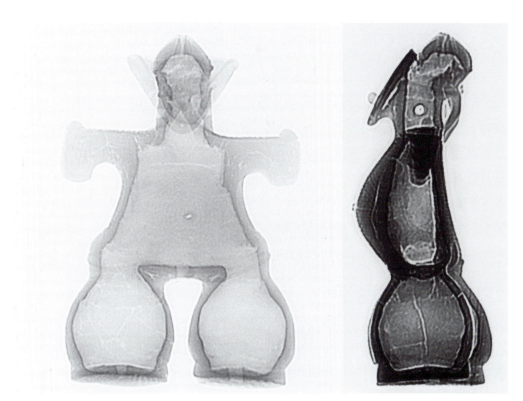

写真24　X線画像

年前）と考えられます。

　その製作は、大形化を図るため両腕以外を中空にしています（写真24）。足裏には網代痕が残っているので（写真25）、土器製作と同様、敷物の上に円形の粘土板を置き、粘土紐を輪積みしていったことがわかります。X線写真には、別々のパーツを接合した時に生じる隙間が写っています。また、腹部のふくらみは、いったん本体を作り上げた後に、粘土をかぶせていることがわかります。火入れの際の割れを防ぐため、へそ・足裏・首・頭頂部に孔をあけ、膨張・破裂しないよう工夫しています。

　表面の磨き込みや文様もひじょうに丁寧で、後期前葉の逸品と言えます。

写真25　足裏の網代痕と、焼き損じを防ぐための穴

(2)「仮面の女神」の仕舞い方を見る

　「仮面の女神」は、ムラ中央部の墓が集中する箇所で、土偶に合わせた大きさの坑に埋納されていました。ただし、第70号土坑（図7）とした墓をブロック状の土で埋め戻す途中で坑が掘られ本土偶が埋められました。その後、墓坑ともども埋め戻されました。このことから第70号土坑に埋葬された人のために添えられた可能性が高いと言えます。周囲の墓坑には死者の顔にかぶせる土器が見つかっており、頭の位置が西側だったことがわかります。第70号土坑には土器がなく、その代わりに土偶が、死者の顔を意識して横を向いた状態で出土しています。こうした詳細な発掘調査の所見から、第70号土坑に死者を埋葬し、土で埋めはじめた後、頭部付近に土偶を副葬したと考えられています。この墓に埋葬された人とひじょうに結びつきが深い土偶だったと考えられます。

　「仮面の女神」は、完全な形に戻せた数少ない例ですが、本来の姿のまま仕舞われたわけではありません。右脚部分の発掘調査において、土圧で割れたにしては不自然な出土状況がわかったのです。それは、壊れていた右脚を取り上げる際、一部の破片が、脚の割れ口をふさぐように出土したからです（写真27）。さらに、土偶を取り上げた後、脚内部の洗浄作業・レントゲン撮影などを進めていたところ、脚の内部にも破片が残っていることが判明しました。いずれも割られた右脚の破片でした（図8）。

　また、外された右脚は、胴体とは90度ほどねじれた状態になっていました。

写真26　「仮面の女神」と浅鉢（12）
　　　　出土状況

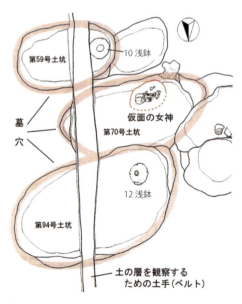

図7　「仮面の女神」と墓坑の関係
(縄文プロジェクト2017より)

写真27　**右脚付け根の発掘状況**
　割った脚の破片で脚の付け根が塞がれていた。

こうした状況証拠から、右脚は自然に割れたのではなく、意図的に壊し、破片を右脚内に入れるなどした後、再び元の場所に戻したことがわかりました。土偶を仕舞う際は、仮想空間を歩きだしたりしないような措置を施す必要があったのでしょうか。これも一つの解釈にすぎませんが、土偶には片足・両足のない場合が多く認められます。縄文人がどのような考えで、なぜこのようなことをしたのか、興味はつきません。

　中ッ原遺跡の発掘調査では、土偶は墓に副葬されたもので、片脚は意図的に壊された、という確実な証拠が得られました。こうした地道な現場検証（発掘調査）によって、縄文人の思考にせまることができることでしょう。

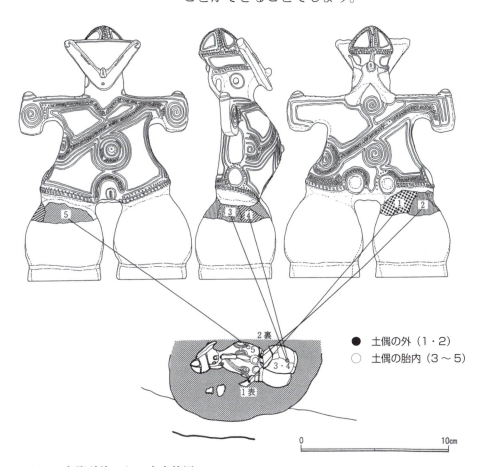

図8　**右脚破片ほかの出土位置**
　割った脚の破片は、脚内・外から見つかった（茅野市尖石縄文考古館2001より）。

第2章　国宝土偶　53

(3) 附(つけたり)指定～顔を覆う土器～

　縄文時代後期前葉（約 4,000 ～ 3,800 年前）、埋葬した人の顔に浅鉢形土器を被せる風習が広まります。中ッ原遺跡でも「仮面の女神」の周囲の墓坑から、土偶に似た文様の描かれた浅鉢形土器が出土しています。これらは、「仮面の女神」を考える上で重要な資料として、国宝の 附(つけたり)指定を受けました。

　死者の顔には鉢、土偶には仮面。この時期の縄文人は、顔を覆うという行為に何かを感じていたのでしょうか。附8点中の4点をご覧ください。

10　第59号土坑出土浅鉢形土器
　　縄文時代後期　国宝附　茅野市尖石縄文考古館蔵
　　「仮面の女神」左横の墓坑から出土した。
　　土偶体部装飾に似た文様が描かれている。

11 第163号土坑出土浅鉢形土器
縄文時代後期　国宝附　茅野市尖石縄文考古館蔵
突起の部分に顔面のような装飾がつき、その下に
土偶の体部と類似した装飾もみられる。

12 第94号土坑出土浅鉢形土器
縄文時代後期　国宝附
茅野市尖石縄文考古館蔵
「仮面の女神」右横の墓坑から
出土した。

13 第814号土坑出土鉢形土器
縄文時代後期　国宝附　茅野市尖石縄文考古館蔵

（4）中ッ原遺跡と「仮面の女神」

　縄文時代中期末葉（約4,600年前）、寒冷化の影響を受けて、八ケ岳西麓から霧ヶ峰山麓に住む縄文人は大きな打撃を受けました。中ッ原遺跡も例外ではなく、中期に栄えたムラがいったん縮小に向かいました。再び、活気を取り戻したのが後期前葉（約4,000〜3,800年前）です。これに伴って、低調だった土偶製作も復活の兆しを見せます。復興したムラの最盛期頃に「仮面の女神」は作られました。背筋を伸ばし、凛々しい面をかぶり、丈夫な大きな脚で微動だにしない、ゆるぎない活力を感じさせる土偶。縄文人は、この土偶に、再び生活が困窮することのないよう、子孫繁栄が継続するよう願いを込めたのかもしれません。

　しかし、その願いもむなしく「仮面の女神」が葬られた後、再び、中ッ原ムラとこの地域は衰退に向かいました。そして、後期後葉（約3,400年前）には、中ッ原遺跡の属する八ケ岳西麓地区全域でムラが壊滅状態に近くなってしまいました。

写真28　中ッ原遺跡（手前○）と棚畑遺跡（奥○）

<コラム>

縄文時代の仮面と仮面土偶

写真29　頭部の前に平たい面がつく「仮面の女神」

図9　松本市権現台遺跡採取の土面

写真30　岩手県科内遺跡の大形土偶頭部

　縄文時代後期の土偶は、仮面を被っていると言われる。確かに「仮面の女神」を見ても、頭部の膨らみとは別に平らな面が前についており、頭部には仮面を装着するためのベルトのような表現も見える。

　ところが、縄文時代の遺跡からは、実際に人びとが使用したような仮面がなかなか見つからない。儀礼の際だけ使うものだから、木製や草製の仮面は、儀礼の終了と共に、残らないように措置されてしまうからだろうか。

　土製の面もひじょうに少ない。そんな中で、県内では唯一松本市波田の権現台遺跡から土面が見つかっている（常設展示室で複製展示）。眉とつながった鼻、丸い口など中信の仮面土偶と似ているようでもある。

　一方、推定で縄文時代最大の土偶と目されているのが岩手県科内遺跡出土の土偶頭部である。実は、岩手県八天遺跡では、これに似た目・鼻・口のパーツだけが見つかっている。想定されるのは、木製か何かの面にこれらの土製品のパーツを貼り付けて、仮面としていた可能性である。青森の合掌土偶や、函館の中空土偶の目・鼻・口も似ており、東北・北海道では、こうした仮面が存在していた可能性が高い。

　では、中部高地ではどうだったのだろう。御代田町滝沢遺跡からは、後期の耳状土製品とされる例が見つかっている。ただし、仮面土偶の耳とは形状が違うため、はっきりしたことはわかっていない。

　今後の調査に期待したい。（寺内隆夫）

第3章

中部高地の土偶
~暮らしに寄り添う小さな女神~

国宝土偶の背後には、数知れぬ土偶があり、それぞれの時期、それぞれの地域に住む縄文人の願いに応えてきました。

写真31 山梨県釈迦堂遺跡出土の土偶

1 「中部高地」と呼ばれる地域と土偶

　全国で1万8千点以上見つかっている土偶。それらは各時期・各地域の縄文人一人ひとり、あるいはムラや地域の人びとに寄り添う小さな精霊（カミ）を模（かたど）ったものと考えられています。そのため、時期・地域ごと、さらには製作者ごとに、さまざまな形や表情をみせてくれます。ここでは、長野・山梨両県の土偶を主に、それぞれの暮らしや願いに合わせて作られた特色ある土偶の数々をみていくこととします。

　「中部高地」は学術用語ではありません。長野・山梨両県において、地域に密着して調査を重ねてきた故藤森栄一をはじめとする、アマチュア考古学者・考古学徒たちが、太古へのロマンと地域文化の誇りを込めて使ってきた言葉です。そのため、どの範囲を指すのか明確な定義はありません。おおむね、縄文時代中期に栄えた勝坂式土器文化圏（＝井戸尻文化圏）の要地、八ケ岳西南麓と周辺地区。行政区分では長野県の諏訪地区とその周辺、山梨県が共通理解の範囲と思われます。ただし、研究者ごとに「周辺」の範囲は流動的です。

　本企画展での展示品は中部高地の範囲を超え、長野県全域を対象としました。また、県境を少し越え、新潟県津南町からも資料をお借りしました。長野・山梨両県の土偶が、日本遺産「星降る中部高地の縄文世界」を象徴するとすれば、これと相対する日本遺産「なんだこれは！～火焔型土器と雪国文化～」の中心地の土偶と比較していただくためです。

　時期・地区ごとの風習や個々の祈りに沿って作られ、一つとして同じものがない土偶。逆に、地域を越えた共通の願いも感じてみてください。

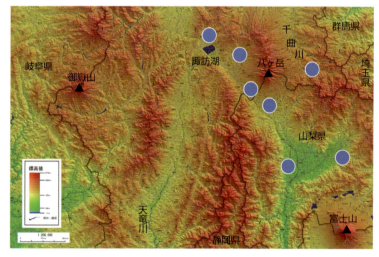

図10　日本遺産「星降る中部高地の縄文世界」構成文化財の広がり
（国土地理院標高地形図に加筆）

2 土偶作りのはじまり
～中部高地におけるヒトガタの受容～

中部高地では、早期以前にさかのぼる土製品で、明確に土偶と言い切れる資料は見つかっていません。今後、発見されたとしても数は少なく、土偶製作が低調だったことに変わりはないでしょう。

前期（約6,000年前）になると、板状の土偶（16～22）が作られるようになり、前期末葉（約5,600年前）には、自立させる工夫が始まります。

目に見えない力を持つ精霊（カミ）の顔を、恒常的に付けるのはやや遅れ、中期に入る頃に出現します。前期段階の顔面表現と言えば、土器につく獣面（主に猪）把手が先行して始まります。数少ないヒトに似せた顔面表現は、山梨県雑木遺跡で見つかっています。すでに、後にこの地域の土偶や顔面把手で定番となるハート形の顔（眉から下）が描かれています。

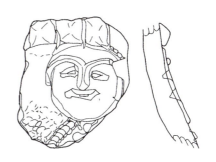

図11　**前期末葉の描かれた土器**
山梨県北杜市雑木遺跡
北杜市考古資料館蔵

14・15　**猪の顔面表現のはじまり**
　　縄文時代前期後葉　松川村有明山社遺跡（左）・塩尻市山ノ神遺跡（右）　塩尻市立平出博物館蔵
　　中部高地での顔面表現は、深鉢形土器の口縁部に乗る猪面から始まる。

第3章　中部高地の土偶　61

16〜22　**前期中葉の板状土偶**
　　　　山梨県笛吹市・甲州市釈迦堂遺跡　縄文前期中葉　重要文化財　釈迦堂遺跡博物館蔵
　腕と脚が体部側面にのび、頭部が正面を向く特徴から、人体を表現したと考えられる。ただし、顔面表現は不明瞭。頭部に穿孔した例（右上）がある。

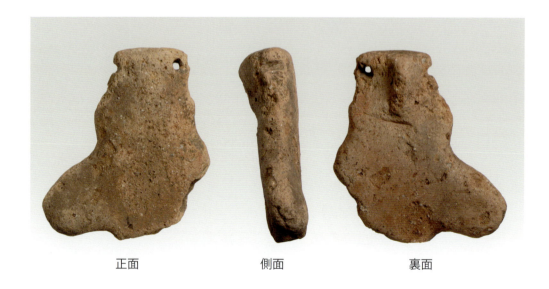

正面　　　　側面　　　　裏面

23　**板状土偶**
　　　塩尻市女夫山ノ神遺跡　前期末〜中期初頭　塩尻市立平出博物館蔵
　県内で最も古い土偶の一つ。粘土ひもで眉から鼻の高まりが表現されている。前期土偶にある貫通孔が2か所にあり、あたかも目のように見える。

3 暮らしに寄り添う土偶文化の成立

(1) 概　要

　縄文時代前期（約 6,700 〜 5,500 年前）の大集落である宮田村中越(なかこし)遺跡、原村阿久(あきゅう)遺跡、前期末から中期初頭まで存続する長野市松原遺跡、こうした大きなムラでも土偶は普及していませんでした。ところが中期に入る頃（約 5,400 年前）、県内各地で土偶が一斉に作られ始めます。

　中部高地の中期土偶は、粘土の選択、作り方、顔つきなどに地域ごとの特徴があり、身近な場所で作られていたことがわかります。一方、女性をモデルとし、妊娠を表現していること、自立することなど、広域で共通する特徴もあり、同じ価値観に支えられていたことがわかります。

　中期中葉（約 5,300 〜 5,000 年前）には、大形〜極小形土偶の使い分け、ポーズの違い、あるいは表情の違うものなど、バラエティが豊富になります。それぞれの願いに応じたカミ（精霊）が表現されていたと考えられます。分化することは文化の発展を示しており、土偶文化が一つの頂点を迎えます。

　中期後葉（約 5,000 〜 4,700 年前）には、地域を越えて共通する装飾が広がるとともに、明らかに他地域から運ばれた土偶があり、地域間交流が盛んだったことがわかります。一方、地区ごとの独自性は影を潜めていきます。そして、創造性の低下は、中期末葉（約 4,600 年前）の土偶製作の衰えにつながっていきました。

(2) つながる土偶と独自な土製品　〜信越境の中期土偶〜

　まず、信濃川流域（新潟県津南町）の土偶と、千曲川流域（北信）の土偶を比べてみましょう。両地区では、頭頂部が平らか凹む「河童形土偶」に共通点が認められます。その中でも面長な顔（24 〜 26）はよく似ています。一方、火焔土器の中心地新潟県中越地区で盛行する三角形土製品（当初は、土偶体部のみを表現した小型品とみられる）は、隣接する長野県側ではほとんど見られません。

　このように、土偶信仰には共通性が認められる反面、わずか数 km ほどの距離で、土偶と関連性の深い土製品については、習俗の違いが顕著に現れるといった二面性が見られます。

24 自立できない立像土偶
新潟県津南町道尻手遺跡　縄文時代中期後葉
津南町教育委員会蔵

自立の難しい足の角度となっている。
※長野県では曽利式・加曾利E1式の出現以降を中期後葉としているため、新潟県側と呼び方が異なる

25 面長の河童形土偶
新潟県津南町道尻手遺跡　縄文時代中期後葉
津南町教育委員会蔵

27 河童形土偶
　　栄村ひんご遺跡　縄文時代中期後葉
　　栄村歴史文化館蔵

26 面長の河童形土偶
　　栄村ひんご遺跡　縄文時代中期後葉
　　栄村歴史文化館蔵

28 バンザイ形土偶
　　栄村ひんご遺跡　中期後葉　栄村歴史文化館蔵
　　「バンザイ」をするように、両手をやや上方に広げる。

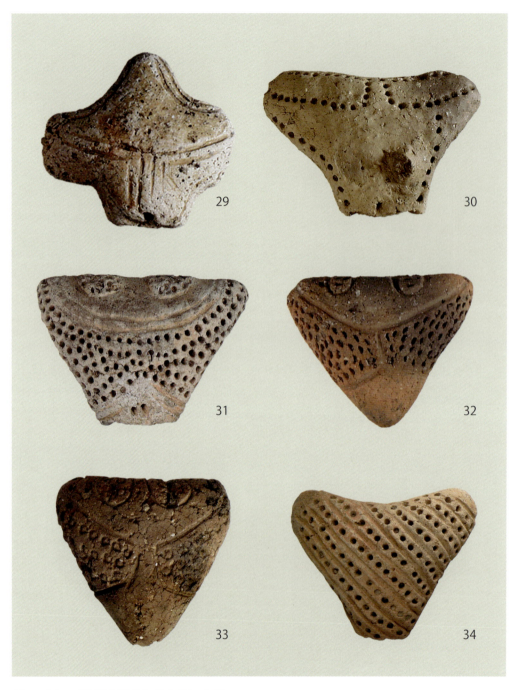

29〜34 **三角形土製品と首のない土偶**
    縄文時代中期後葉　新潟県津南町道尻手遺跡
    津南町教育委員会蔵

  ヒトガタの手足を簡略化した形から始まるとされ、29・30の首のない土偶と近い関係にある。壊すことが前提の土偶と異なり、残存率が高い。道尻手遺跡では216点出土しているが、わずかに県境を越えて長野県側に入ると皆無となる。習俗に大きな違いがあったことを物語る資料である。

（3）文様と色でわかる製作地　〜北信の中期土偶〜

ア　概要
　北信は、上田市と坂城町境の千曲川狭窄部（図の↑）から信濃川へ名称が変わる新潟県境までの流域、周辺の山麓・高原地帯を含みます（図12）。長野盆地では洪水堆積物が厚く、縄文時代の実態が不明でした。ところが、20世紀末頃より大規模開発に伴って千曲川河岸や沖積地の深くまで調査の手が入り、中野市千田遺跡で240点、千曲市屋代遺跡で41点もの土偶が発見されました。一方、前期末〜中期最初頭の大集落、長野市松原遺跡では1点もなく、土偶の受容が中期中葉直前（約5,400年前）を待たなければならなかったことを示しています。しかし、いったん受け入れられると、各地で盛んに土偶が作られるようになりました。この地区の主流は、二本の脚で立ち、河童形の頭頂部にハート形の顔がつくものでした。

イ　大きく、自立させるための二つの試み
　中期中葉直前〜前半（約5,400〜5,300年前）に、土偶製作が急速に広まると、中部高地全域と同様、①明確な顔をつけ、②自立させ、③より大きくすることが進みました。初期段階では、至近距離のムラで、大形化のために異なった方法が試みられました。中空タイプ（35 飯山市深沢遺跡）と中実タイプ（36 中野市姥ケ沢遺跡）の二種類です。

ウ　地元の粘土と土偶・土器
　この地区では、ムラの近隣で採取される粘土や砂に明瞭な違いがありました。そのことで、赤い土偶（飯山市ほか）、白い土偶（長野市ほか）、雲母の入ったキラキラ光る土偶（千曲市ほか：常設展示室）などの違いがわかります。これは土器の色の違いとも共通しています。また、中部高地の他地区の土偶と違い、初期段階から、土器の文様を土偶に描き込む傾向が強くみられます。こうした点から、土器の作り手が土偶製作に深く関わっていたことがわかります。

図12　中期展示土偶の出土地（北信）
（国土地理院　標高地形図に加筆）

35 中空土偶
　　飯山市深沢遺跡　縄文時代中期中葉　飯山市ふるさと館蔵
　自立させ、大形化するために土器製作技術を駆使して作られた中空の土偶。
頭部は別途製作したのか、無いままだったのかは不明。中・南信の同時期の
土偶に比べ、体部に装飾が多く施されている。

右側面

正面

背面

36 **有脚立像土偶**
　中野市姥ケ沢遺跡　縄文時代中期前～中葉
　市指定文化財　中野市立博物館蔵
内部を空洞にしない中実土偶を大形化し、自立させるため、上半身を薄く板状に引き伸ばして焼き損じのリスクを避け、腰から下に重心を置いている。河童形の浅く凹む頭部と、仮面のように貼り付けられた顔が特徴。

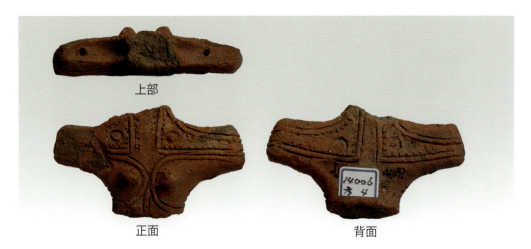

37 赤い土偶
　　飯山市宮中遺跡　縄文時代中期中葉　飯山市ふるさと館蔵
　飯山盆地周辺の土器や土偶に見られる特有な赤い焼き色を示す。

38 赤い土偶
　　飯山市深沢遺跡　中期前葉　飯山市ふるさと館蔵
　区画のわきを連続的に刻む文様は在地土器と共通する。

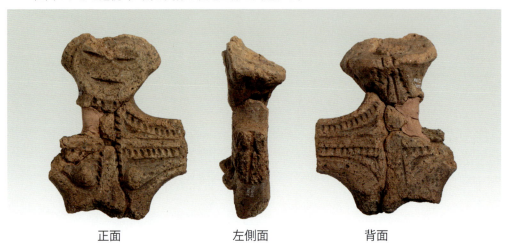

39 赤みの少ない土偶
　　中野市千田遺跡　縄文時代中期中葉　中野市立博物館蔵
　千曲川の上流へわずか移動しただけで、赤みの少ない例が混ざりはじめる。

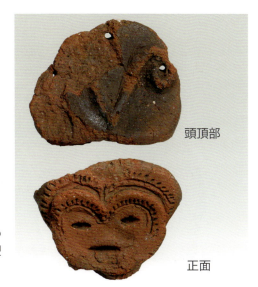

頭頂部

正面

40 **河童形土偶頭部**
　飯山市深沢遺跡　縄文時代中期前葉
　飯山市ふるさと館蔵

河童形の頭部、ハート形の眉、平行線の
脇を連続的に刻むなど、この地区の典型
的な土偶顔である。

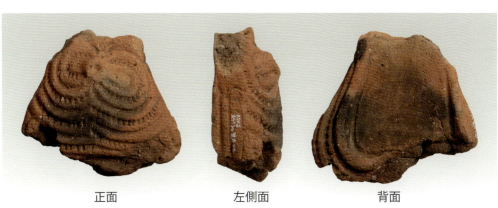

正面　　　　　左側面　　　　　背面

41 **押引文を真似た土偶**
　中野市千田遺跡　縄文時代中期中葉　中野市立博物館蔵

中葉には八ヶ岳方面の押引文を採り入れるが、よく見ると、一度線を引いた後で
刻んでいく在地の伝統的な技法で描かれていることがわかる。

42 **6本指の土偶**
　中野市千田遺跡　縄文時代中期中葉
　中野市立博物館蔵

5本刻んだため、6本指になってし
まった足

43 **河童形土偶**
　中野市千田遺跡　縄文時代中期後葉　中野市立博物館蔵

第3章　中部高地の土偶　71

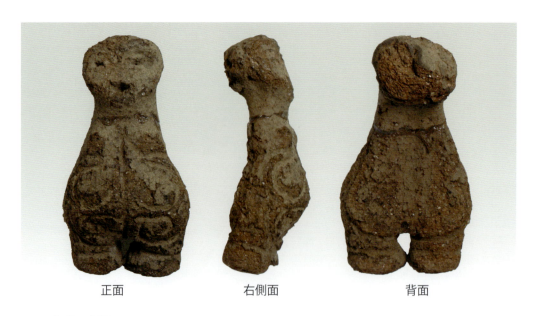

正面　　　　　　右側面　　　　　　背面

44　小形の土偶
飯山市深沢遺跡　縄文時代中期前葉か　飯山市ふるさと館蔵
高さ5.4cm。手のひらに収まる小形品。折れやすい腕が元々ないことから、お守りのように個人の携帯用に製作されたのかもしれない。

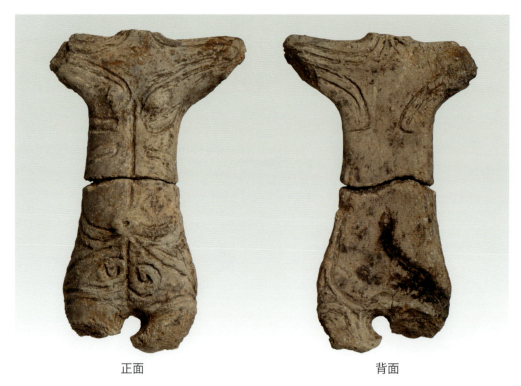

正面　　　　　　　　　　背面

45　白い土偶
長野市 檀田(まゆみだ)遺跡　縄文時代中期前葉末〜中葉初頭　長野市埋蔵文化財センター蔵
千曲川左岸を長野市域まで遡ると、在地の裾花凝灰岩を粘土に混ぜたとみられる白い土偶が増える。

46 白い土偶
　長野市松ノ木田遺跡　縄文時代中期　長野市埋蔵文化財センター蔵

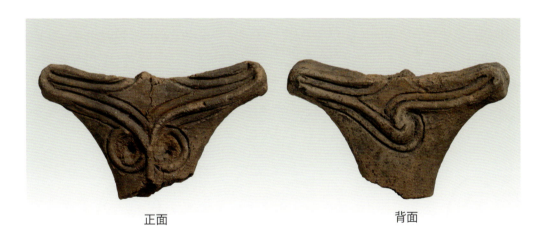

正面　　　　　　　　　　　　背面

47 継ぎ手文のある土偶
　長野市明神前遺跡　縄文時代中期中葉　長野市立博物館蔵
　背面に在地特有の継ぎ手文が見られる。首と胴以下が割られるだけでなく、
　両乳房も取られている。

<コラム>

いわゆる河童形土偶

　中部高地から日本海側の地域にかけて、縄文時代中期の土偶には頭頂部が平らか窪む土偶が多く、河童形土偶と呼ばれている（小林1983）。この図録でも、各土偶の紹介をするのに便利に使わせてもらっている。しかし、頭が平らか窪むといった特徴だけでまとめてしまうには、バラエティーが多い。

　今回展示した土偶の中には、

① 頭部に被り物か帽子、長い髪を巻き付け、平らにしているタイプ
　（棚畑遺跡の「縄文のビーナス」p21-5 ほか）。
② 平らか、やや窪んだ頭頂部前面にハート形の顔面がつくタイプ
　（中野市姥ケ沢遺跡 p69-36 ほか）。
③ やや窪んだ頭頂部前面に横に張り出した大きな目だけがつくタイプ
　（塩尻市平出遺跡 p82-60）がある。

　①は中期前葉から中葉でも古い段階（約5,400年前とその前後か）に多い。頭部は被り物（皿ではない）のようにも見え、カッパという名称で括るには違和感がぬぐえない。また、主要な分布域も中信の南から山梨方面に多く、②・③とは若干ズレがありそうである。

　②・③も①と同様の時期に多いが、その後も継続的に製作される。分布は、②が北信から比較的広範囲に広がっており、③はやや東信で目立つ傾向がみられる。顔の違いは、違うカミ（精霊）を表している可能性があり、各地域の生活に寄り添う形で、祈りの対象が微妙に異なっていたことが考えられる。一方で、③の河童形土偶は山梨県東部の甲州市宮之上遺跡（p 128-145）にも存在しており、広い範囲で情報のやり取りがなされていたことがわかる。（寺内隆夫）

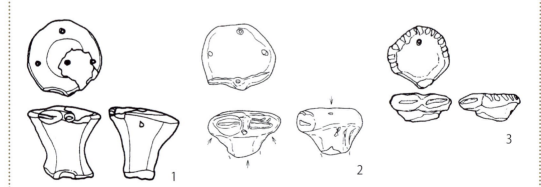

図13　③タイプの河童形土偶頭部
　　1 郷土遺跡（小諸市）、2 平出遺跡（塩尻市）、3 宮之上遺跡（甲州市）

（4）土偶にあまり執着しない　～東信の中期土偶～

　東信は、上田盆地・佐久盆地を経て千曲川の源流までを含みます。烏帽子岳から浅間山の山麓、八ヶ岳・蓼科山の山麓、千曲川支流の河岸段丘上や扇状地などに遺跡が点在しています。上田市・東御市を中心とした上小地区と、上流の佐久地区に大きく分かれますが、いずれの地区でも土偶製作は盛んとは言えないようです。数が少ないだけでなく、大形品や、精巧な作品も現在までの調査では見つかっていないからです。中期中葉の顔面把手付土器も少ない地区で、ヒトや動物表現が好まれる八ヶ岳の西・南側とは好対照をなしています。

　中期中葉段階では、河童形土偶の中でも、ハート形の顔面がつかない目だけが強調されたタイプ（p76-48）が目立つ程度で、際立った地域色は見られません。小諸市郷土遺跡で67点と、比較的多くの土偶が見つかっていますが、その郷土遺跡においてさえ、形の整え方や装飾に甘さがみられます。

図14　中期展示土偶の出土地（東信）
（国土地理院　標高地形図に加筆）

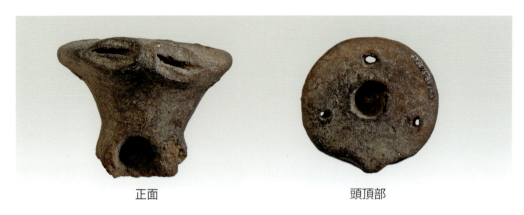

正面　　　　　　　　　頭頂部

48　河童形土偶
　　小諸市郷土(ごうど)遺跡　縄文時代中期中葉　当館蔵

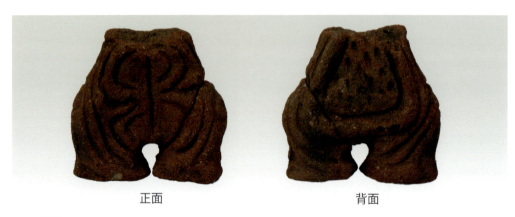

正面　　　　　　　　　背面

49　焼町(やけまち)式土器の文様がついた土偶
　　小諸市郷土遺跡　縄文時代中期中葉　当館蔵
　　空白とすべき背面が、焼町式土器に倣って列点で埋められている。

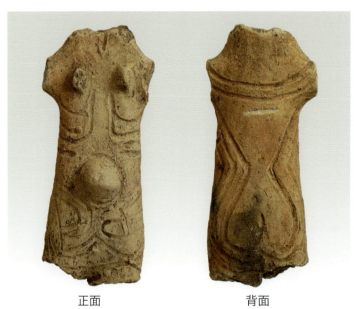

正面　　　　　背面

50　おへその出た土偶
　　小諸市郷土遺跡
　　縄文時代中期後葉
　　当館蔵

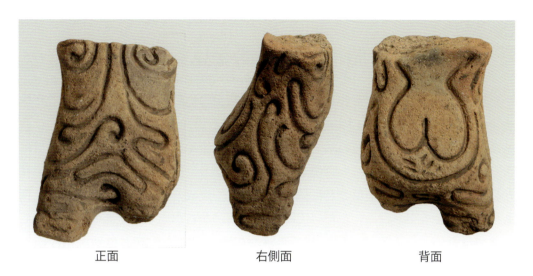

正面　　　　　　　　右側面　　　　　　　背面

51　体じゅうが装飾された土偶
　　佐久市胡桃沢(くるみさわ)遺跡　縄文時代中期後葉　佐久市望月歴史民俗資料館蔵

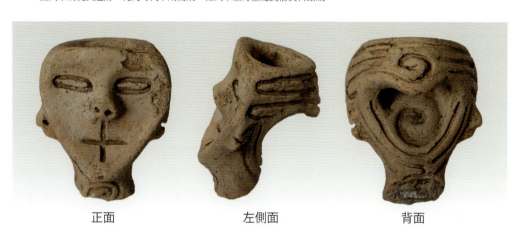

正面　　　　　　　　左側面　　　　　　　背面

52　口が十字に割れる土偶
　　佐久市平石(ひらいし)遺跡　縄文時代中期後葉
　　佐久市望月歴史民俗資料館蔵

中期中葉の大らかな土偶に対し、気候の悪化が進む中期後葉には表情にも変化がみられる。

53　口が十字に割れる土偶
　　佐久市中村遺跡　縄文時代中期後葉
　　佐久市教育委員会蔵

第3章　中部高地の土偶　77

<コラム>

胎土から土偶を見る

　土偶の印象を決定づける要素の一つとして胎土の色調がある。国宝「縄文のビーナス」(p21-5)や岡谷市目切遺跡の壺を抱いた土偶（p106-106）は特徴的な濃茶系を呈している。色は概ね粘土中の鉄分の含有量や焼成の際の酸素の供給量によって決まる。鉄分が多く、野焼きの際に酸素が多く供給されるほど赤味や黄味が強くなる。そのため集落ごとに粘土の採取地や焼成方法が一定だとすれば色調も類似すると予想される。ただ、実際に同一遺跡から出土する土偶の色は決して一律ではない。たとえば栄村ひんご遺跡の在地土偶(p65-26)は新潟県津南町道尻手遺跡（p64-24・25）等と類似した白色系を呈するのに対し、ひんご遺跡のハート型顔面の土偶は濃い赤茶色を呈する（p65-27）。色の違いは何を意味するのだろうか。

　さらに胎土の特徴を際立たせるのは、表面に浮き上がって見える岩石や鉱物である。これは焼成の際の割れを防ぐ緩衝材の役割等を担うもので、堆積環境によって粘土に元々入っていたか、混和材として後から混ぜたといわれる。棚畑遺跡の国宝ビーナスの装飾効果を高めている砂金のような黒雲母は、同遺跡で出土した別のビーナス型（p109-110）や諏訪市荒神山遺跡土偶（p109-112）でも顕著に認められる。遺跡の周辺には雲母を含む中新世の貫入花崗岩質岩体があるため、黒雲母の混和は地元の原料土を有効に利用した結果といえる。長野市松ノ木田遺跡など長野盆地でも周辺の堆積物（裾花凝灰岩）が土偶に多く含まれる点では共通する（p73-46）。

　ただ土偶胎土中の砂は地元のものばかりとは限らない。たとえば平出遺跡出土「ビーナス似の土偶」頭部（写真32）には黒雲母ではなく、直径1mm程度の白色粒が雪を降らせたようにまんべんなく入っていた。デジタルマイクロスコープによる精細観察によると、白色粒は酸性火山岩のデイサイトと記載されている（藤森2017）。近隣のデイサイト産地には、遺跡の南東十数km圏の塩嶺火山岩類や守屋層が知られるが、ビーナス型土偶の分布圏全体を見渡すと約60km以上離れた茅ヶ岳山麓地域も射程に入る。なぜこの土偶のみ特異な原料土なのか？それは製作地の違いを意味するのだろうか？胎土の色、混和された砂、粘土の化学組成。これらをたよりに土偶製作地に迫る研究の進展が、今後大いに期待される。（水沢教子）

写真32　平出遺跡出土のビーナス
(58)

（5）南北の情報を巧みに取り入れる　～中信の中期土偶～

　中信では、松本平・安曇野の盆地が南北に続き、周囲の山麓、扇状地上に縄文時代中期の集落が展開しています。さらに、西に木曽谷、東に筑北の小盆地などが加わります。木曽川をのぞく河川は、犀川から千曲川（信濃川）に合流して日本海側にそそいでいます。ヒスイや蛇紋岩などの供給地である姫川流域へも谷筋が通じており、日本海側の土偶との共通性が認められます。

　南に目を転じると、黒曜石原産地のある諏訪、あるいは伊那谷への峠道は比較的緩やかです。盛んな往来があったようで、顔面把手付土器や立像土偶に両地区との共通性が認められます。一方、西側は縄文時代中期に土偶製作が低調だった東海・西日本地域で、隣接する木曽谷では土偶が少なくなっています。

　この地区でも土偶作りが盛んになるのは、中期中葉の直前（約5,400年前）です。松本市向畑遺跡では、簡素な両腕、膨らむ腹部、出尻、つり目、頭部の被り物など、後の「縄文のビーナス」につながる表現がみられます。

　ただし、ムラごとに作り方を模索していたらしく、細部の形や製作技術に遺跡ごとの違いがあります。また、4km余りしか離れていない平出遺跡と俎原遺跡のように、ムラごとの事情によって土偶の保有量に大きな差が認められています。

　中期中葉中頃（約5,300年前）以降は、諏訪・伊那方面との共通性の高い、立像、ポーズ（壺抱き）、円錐形（鳴る）土偶がみられるようになります。

　中期後葉（約4,900年前）以降は、地元の唐草文土器の文様で飾られた土偶が大半を占めるようになります。また、明らかに日本海側から運ばれてきたと見られる白い土偶もみられ、土偶によって地域間交流がわかるようになります。

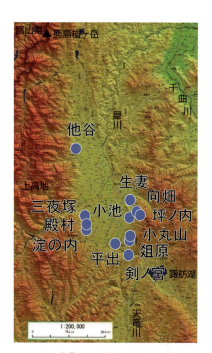

図15　**中期展示土偶の出土地（中信）**
（国土地理院　標高地形図に加筆）

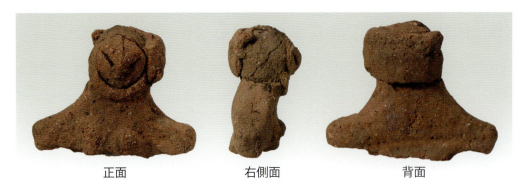

正面　　　　　　　右側面　　　　　　　背面

54 「縄文のビーナス」以前の土偶
　　松本市 向畑(むかいはた)遺跡　縄文中期前葉　松本市立考古博物館蔵
　しっかりした顔、頭と襟を粘土紐で巻く、体部に装飾はなく、
　後の「縄文のビーナス」につながる。

55 「縄文のビーナス」以前の土偶
　　松本市向畑遺跡　縄文時代中期前葉　松本市立考古博物館蔵
　膨らむ腹と出尻、下腹部の彫り込み、ゾウのような脚などの特徴を持つ。

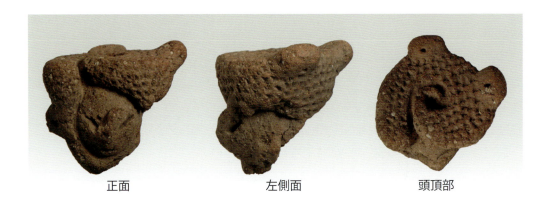

正面　　　　　　　左側面　　　　　　　頭頂部

56 渦巻状の被り物（髪形）の土偶
　　塩尻市小丸山遺跡　縄文時代中期前～中葉　塩尻市立平出博物館蔵
　襟から頭につながる被り物が風になびくように見える。頭頂部で渦を巻く。

頭頂部

正面　　　　　　　　　　　　左側面

57 **被り物に頭を覆われた土偶**
　塩尻市平出(ひらいで)遺跡　縄文時代中期中葉　塩尻市立平出博物館蔵
　中部高地特有のハート形の顔が、被り物に覆われる。
　頭頂部は伊那谷でも見られる真ん中で分け。

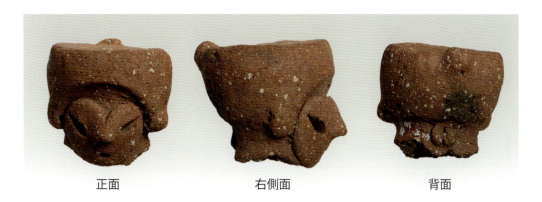

正面　　　　　　　右側面　　　　　　背面

58 **「縄文のビーナス」似の土偶**
　塩尻市平出遺跡　縄文時代中期中葉　塩尻市立平出博物館蔵
　平出遺跡では60など粗雑な作りの河童形土偶が多い中、1点のみ「縄文のビー
　ナス」似の土偶がある。帽子部の装飾は略されているが、群を抜いた丁寧な
　作りで、搬入品の可能性が高い。

59　押引文で飾られた土偶
　　塩尻市平出遺跡　縄文時代中期中葉
　　塩尻市立平出博物館蔵

60　河童形土偶
　　塩尻市平出遺跡　縄文時代中期中葉
　　塩尻市立平出博物館蔵

初期の平出遺跡の土偶は、頭頂部が平らか凹み、逆三角形の頭に目だけが強調される「河童形土偶」が多い。ビーナスに比べ腹部のふくらみは控えめである。中葉には体部を押引文で飾る例が増える。

61　平たい顔の土偶
　　縄文時代中期中葉　塩尻市平出遺跡　塩尻市立平出博物館蔵

中葉（約5,300〜5,200年前）、顔は大きく、平たく変化し、顔面把手付土器の顔に近くなる。頭部に円文（61）・渦巻文・ヘビ様の文様（62）・玉抱き三又文（63）などが表現されるようになる。

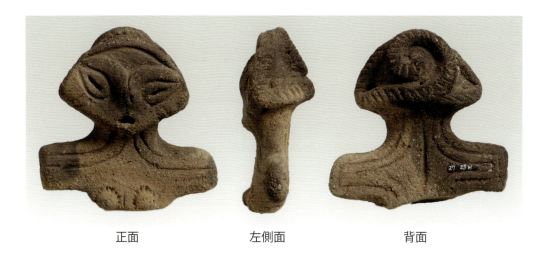

正面　　　　　　　左側面　　　　　　　背面

62　**ヘビ様の文様を頭部にのせる土偶**
　　塩尻市 粗原(まないたはら)遺跡　縄文時代中期中葉　塩尻市立平出博物館蔵

　粗原遺跡は平出遺跡と並ぶ松本平南部の大集落である。粗雑な土偶を多数作った平出ムラに対し、土偶製作は低調であったが、中期中葉中頃以降、丁寧な作りの土偶が少数見られる。

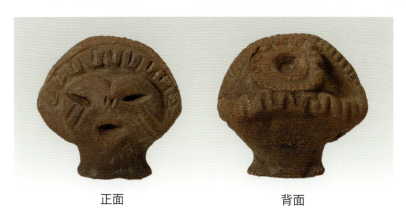

正面　　　　　　　背面

63　**玉抱き三叉文をのせる土偶**
　　松本市小池遺跡　縄文時代中期中葉　松本市立考古博物館蔵

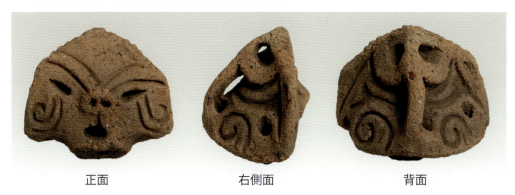

正面　　　　　　　右側面　　　　　　　背面

64　**怒り顔の土偶**
　　山形村殿村遺跡　縄文時代中期中葉　山形村教育委員会蔵

　怒ったような表情には、魔除けの意味があるのだろうか。

<コラム>

土偶をたくさん持つムラ、持たないムラ

　土偶を「生活に寄り添う女神」と考えたが、集落遺跡（ムラの跡）から出土する土偶の数を比較すると、どのムラでも一様に土偶を使っていたわけではないことがわかる。切実な願いはどのムラでも変わりなかっただろうが、各々のムラの事情によって、供給量と使い方に差があったようである。

　例えば、松本盆地南部（塩尻市）の直線距離で4km しか離れていない平出遺跡と俎原遺跡を比べてみよう。両者ともに縄文時代中期の大規模集落遺跡であり、一定程度の面積を調査している。平出遺跡では中期の竪穴建物跡116棟（保存目的調査のため完掘していない建物跡も多い）に対して、中期の土偶が185点出土している。一方、俎原遺跡は147棟を完掘し、13点の土偶が出土している（小松・小林2015）。この差は歴然としている。

　土偶を使った祭祀のあり方が違うといったことも想定されるが、その根底をなすのは、土偶の供給量にあると考えられる。

　俎原遺跡の土偶は、中期（数百年）間のうち、細別時期を見るとさまざまで、各時期に少数の土偶が使われていたと考えられる。また、土偶の胎土や焼き色に、肉眼観察でわかる違い認められる。このことから、さまざまな場所で作られた土偶を入手していたと思われる。

　一方、平出遺跡の土偶には、似たような顔つきの例が複数あり、粘土や焼き色にも似た例がある。しかも、優品ばかりではない。多少、手を抜いて作った土偶でも数多く供給し、身近に使えることを優先したようである。平出遺跡では、竪穴建物跡から出土した土器と焼成粘土塊の胎土分析を行っており、その類似性が指摘されている（藤根ほか2015）。ムラの中で土器作りを行っていた可能性が高く、土偶を作る機会もあったと考えられる。比較的丁寧な作りの「縄文のビーナス」似のp81-58は、他の土偶と胎土や色調が異なっており、搬入品の可能性がある。このように平出遺跡では、持ち込まれた土偶とともに、ムラの中で土偶を製作していた可能性が高い。

　土偶の保有数は、各ムラの祭祀に対する考え方の違いも反映されていたかも知れないが、その前提条件として、ムラの中で製作が可能だったのか、他から入手しなければならなかったのか、といった差が大きかったと考えられる。（寺内隆夫）

正面

65　入れ墨表現のある土偶
　　塩尻市岨原遺跡
　　縄文時代中期中葉　塩尻市立平出博物館

63～65など、頬に入れられた線は入れ墨、あるいは涙の表現とされる。

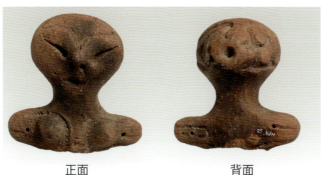

正面　　　背面

66　頭部に彫刻文を持つ土偶
　　塩尻市岨原遺跡
　　縄文時代中期中葉
　　塩尻市立平出博物館

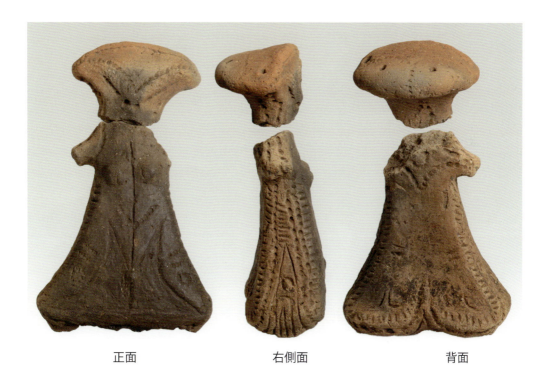

正面　　　　　　右側面　　　　　背面

67　河童形土偶
　　塩尻市剣ノ宮遺跡　縄文時代中期中葉　塩尻市立平出博物館蔵

中葉にも、河童形の頭部をもつ土偶がある。下腹部の「M」字状の削り込みのほか、体側部に装飾が濃密に施されるようになる。

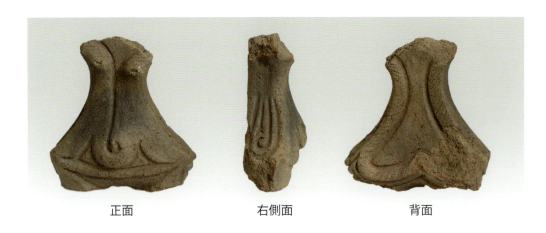

正面　　　　　　　右側面　　　　　　　背面

68　縄文のつく土偶
　　山形村淀の内遺跡　縄文時代中期中葉　山形村教育委員会蔵
裏面に縄文が施された珍しい例

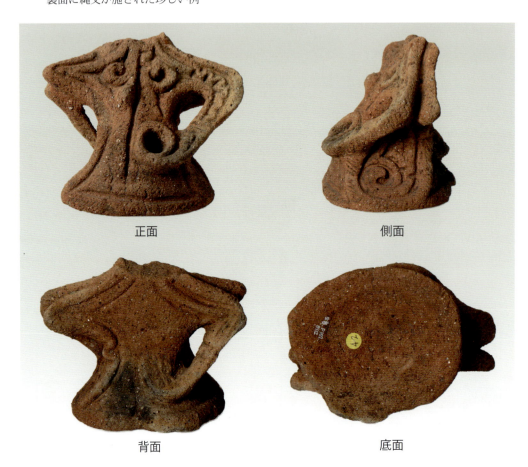

正面　　　　　　　　　　　　　側面

背面　　　　　　　　　　　　　底面

69　土器を抱えた土偶
　　松本市生妻遺跡　縄文時代中期中葉　松本市立考古博物館蔵
中期中葉（約5,300〜5,000年前）、107・108などポーズをとる土偶が中部高地で流行する。土器は豊かな食を象徴するモノとみられる。この時期、土器にも土偶や顔面が付く例が増え、土器と女神の関係が顕在化する。

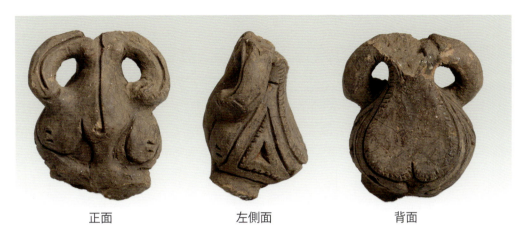

正面　　　　左側面　　　　背面

70　壺を抱く土偶
　　塩尻市剣ノ宮遺跡　縄文時代中期中葉　塩尻市立平出博物館蔵
　　脚がつく例。左手の土器は簡略化されている。精選された粘土で丁寧に製作された小形品。

斜正面　　　　　　　斜背面

71　前傾姿勢の土偶
　　塩尻市剣ノ宮遺跡　縄文時代中期後葉　塩尻市立平出博物館蔵
　　中期後葉に入る（約4,900年前）と、中部高地の土偶は前傾姿勢で、両腕をやや上にあげバンザイに近い姿勢に変わる。臀部が後ろに突き出す「出尻形」も発達をみせる。

第3章　中部高地の土偶　　87

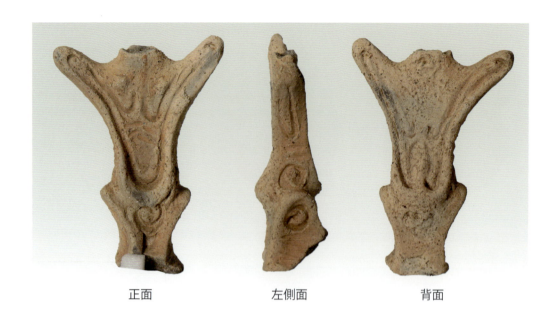

正面　　　左側面　　　背面

72　バンザイ形土偶
　　松本市坪ノ内遺跡　縄文時代中期後葉　松本市立考古博物館蔵
　　文様は中葉に多かった押引文や玉抱き三叉文が減り、唐草文土器の文様が取り入れられる。日本海側地域からの搬入品には硬質で白い焼き色の例が多い。

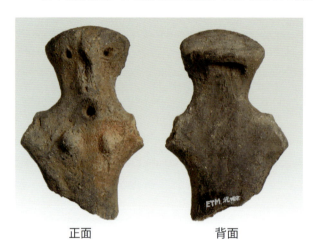

正面　　　背面

73　バンザイ形土偶
　　山形村殿村遺跡　縄文時代中期後葉
　　山形村教育委員会蔵
　　口が首や胸につく。地元の土偶には少ない形態で、他地域からの搬入品の可能性がある。

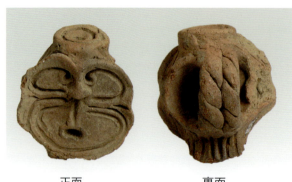

正面　　　裏面

74　髪を編む土偶
　　山形村三夜塚遺跡　縄文時代中期後葉
　　山形村教育委員会蔵
　　土偶頭部の装飾には、髪を編み、髪飾りを付けたように見える例がある。

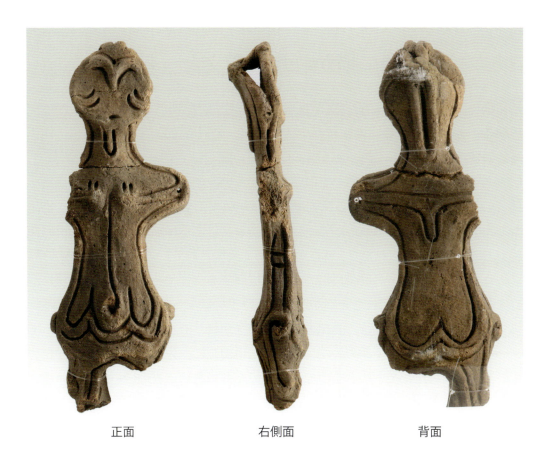

正面　　　　　右側面　　　　　背面

75　**有脚立像土偶**
　　安曇野市他谷(たや)遺跡　縄文時代中期後葉　安曇野市穂高郷土資料館蔵

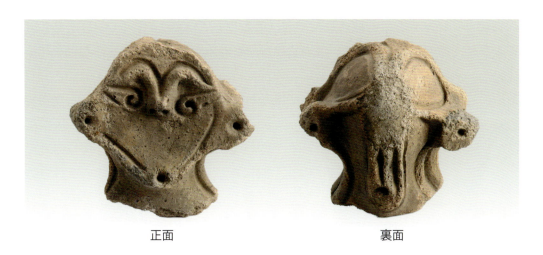

正面　　　　　裏面

76　**髪を編む土偶**
　　塩尻安曇野市他谷遺跡　縄文時代中期後葉　安曇野市穂高郷土資料館蔵

<コラム>

土偶に描かれた渦巻文と「棘」

　土偶の文様には長らく渦巻文が採用されてきた。中期前葉から中葉にかけて広がる一連のいわゆる「縄文ビーナス型土偶」の渦巻文様施文部位は主に側面で、国宝土偶は頭部、その他は胴部から腰の脇（淀ノ内 p86-68、生妻 p86-69）にあり、三叉文と組み合わされることが多い。中期後葉になると坂上遺跡土偶（p114-124）に代表される系列で、文様が脇まで上昇し、さらに前面に進出して腹部までを覆うように広がる。その後、渦巻文はさらに拡大し、沈線で充填（胡桃沢遺跡 p77-51）されたり、渦巻文が隆帯で表現されているものまで出現する。

　これらのうち、胸下の肋骨に沿うように展開する文様や、腰部を覆う文様に注目する（坂上前掲）。何れも先端が鋭く尖った工具によって描かれ、繊細である。まず肋骨に沿った部位には、長尾の小渦巻が描かれ、それを胴部中央に向かって延びる袋が覆っている。袋の先端、つまり正中線側に、先の尖った「棘」が付いている。臍を挟んだ上下にも正中線を挟んで左右対象に2対の「棘」が描かれる。一方腰部は連続W字、L字状の張り出しなど、連続した幾何学的な文様で埋められている。酷似する、あるいは簡略化された文様を有する板状土偶は、中南信から山梨県、岐阜県にも広がり、各地で採用されていたことが明確である。特にこれらの土偶は腰部がスカート状に広がっていることから、施された文様は衣服の意匠であった可能性が高い。

　さて衣服に描かれた渦巻文と棘文の組み合わせでまず想起されるのは、アイヌの衣装、アッツシ等に刺繍された渦巻（モレウ）と「棘」（アイウシ）である。モレウは生命の象徴、アイウシは生命を脅かす外敵から守る魔除けの効果を秘めていた。土偶が安産の守りとすれば、腹部に宿った新たな命を脅かす敵から守るためにこれら3対の「棘」が重層して描かれたのではないか。また、棘と渦巻文の組み合わせは、中期中葉から後葉にかけて東北地方から中部地方の縄文土器にも広く採用されている。こちらの「棘」は食という生命の源を様々な外敵から守るために付けたものか。DNA研究の進展に伴い、縄文人とアイヌの近親性が更に明らかになりつつある昨今、土偶文様を起点に想像はさらに、膨らむ。（水沢教子）

写真33　富士見町坂上遺跡土偶（124）胴部

（6）包容する手と張り出す腰　〜南信・伊那谷の中期土偶〜

　諏訪湖に端を発する天竜川が岡谷市内の狭窄部を抜け、静岡県境の狭窄部まで約100km、南北に長い伊那盆地を中心とした場所が伊那谷です。流れの速い天竜川の両岸には河岸段丘が発達し、多くの縄文遺跡が立地しています。また、東西を3,000m級の山に挟まれており、そこから流下する河川が形成した崖錐や扇状地上にも遺跡が認められます。

　この地区でも、中期に入ると土偶の製作が盛んになります。ただし、在地の平出第三類A土器の文様や技法（半截竹管状工具による平行沈線文様）は一部に留まり、諏訪方面と共通する勝坂式土器の押引文、渦巻文、三叉文を使う例が多くみられます。中期中葉には諏訪方面の土偶や顔面付土器と似た顔の土偶が現れ、強い影響がうかがえます。

　一方、中期後葉に向かってしだいに地元色が強調されるようになります。それは、大きく臀部が張り出した出尻形・尻張り形と呼ばれる土偶の発達です。正中線は描かれるものの、お腹のふくらみは表現されません。安産で仕事もできる強くて大きな臀部への願望があったのでしょうか。

　また、他地区に少ない特徴として、腕が幅広く、先端に指の表現がみられます。手のひらは内側に軽く曲げられており、人びとを受け入れる包容力の表現のようにもみえます。

　顔は中部高地共通の例が多いようですが、一部を除いて、微笑みを浮かべるなど、大らかな表情が多い傾向がうかがえます。髪をきれいに梳かしたような例も特徴といえるでしょう。

図16　中期展示土偶の出土地
　　　（南信・伊那谷）
　　　（国土地理院　標高地形図に加筆）

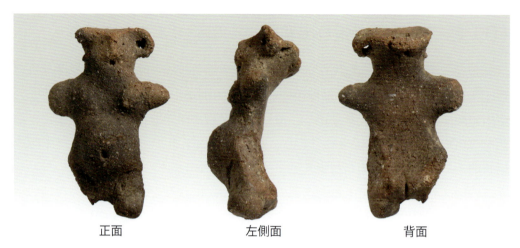

正面　　　　　左側面　　　　　背面

77 初期の小形土偶
　伊那市月見松遺跡　縄文時代中期前葉　伊那市創造館蔵
　小熊ような顔を持つ。両耳部分の貫通孔は、前期土偶の名残か。

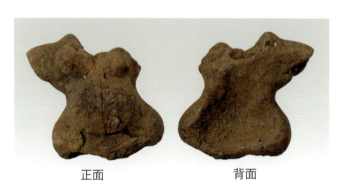

正面　　　　背面

78 小形土偶
伊那市月見松遺跡
縄文時代中期中葉
伊那市創造館蔵

正中線、お腹のふくらみ、下腹部のM字文など、中部高地の典型的な土偶の特徴に則っている。

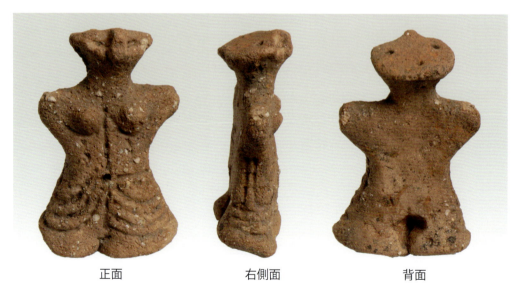

正面　　　　　右側面　　　　　背面

79 河童形土偶
　中川村箕輪田遺跡　縄文時代中期中葉　中川村教育委員会蔵
　平らな頭頂部に顔面は目と鼻だけの典型的な河童形土偶。

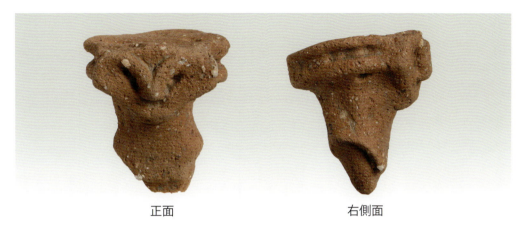

正面　　　　　　　　右側面

80　河童形土偶
　　中川村箕輪田遺跡　縄文時代中期中葉　中川村教育委員会蔵

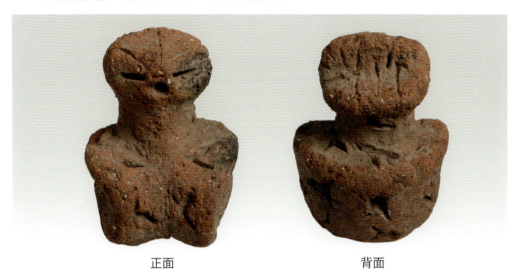

正面　　　　　　　　背面

81　鳴る小形土偶
　　箕輪町中山遺跡　縄文時代中期中葉　箕輪町郷土博物館蔵
　　魔除けと思いたくなるような怖い表情をしている。体部は空洞で振ると音が鳴る可能性を持つ。

82　遊びで作った？　土偶
　　箕輪町丸山遺跡　縄文時代中期中葉　箕輪町郷土博物館蔵
　　分割塊技法など、土偶製作の基本に則っていない。
　　見よう見まねで作ったものか。

正面　　　　　　　側面　　　　　　　背面

83　**髪飾・耳飾をつけた土偶**
　　宮田村中越遺跡　縄文時代中期中葉　宮田村教育委員会蔵
　　　　なかごし
　諏訪・山梨方面で発達する形態で、この地区に強い影響を与えていることがわかる。

正面　　　　　　　　　　　　背面

84　**髪飾・耳飾をつけた土偶**
　　宮田村中越遺跡　縄文時代中期中葉　宮田村教育委員会蔵

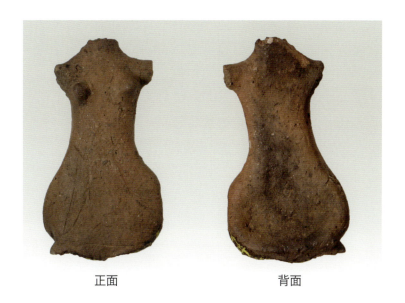

正面　　　　　　　背面

85　板状の立像土偶
　　宮田村三つ塚上遺跡　縄文時代中期中葉　宮田村教育委員会蔵
　脚は欠損しているが、出尻になる前段階の土偶とみられる。

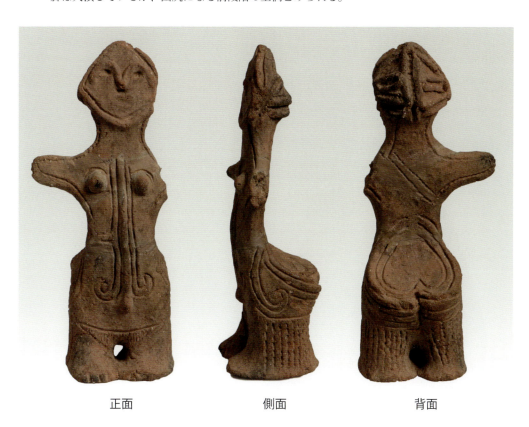

正面　　　　　側面　　　　　背面

86　出尻形土偶
　　中川村苅谷原遺跡　縄文時代中期後葉　村指定文化財　中川村教育委員会蔵
　腕も広く、先端に指の表現が見られる。

87 出尻形土偶
　　駒ヶ根市日向坂遺跡　縄文時代中期後葉　駒ヶ根市教育委員会蔵
この足裏の角度では真直ぐ立てない。

88 中空土偶
　　駒ヶ根市的場・門前遺跡
　　縄文時代中期後葉
　　駒ヶ根市教育委員会蔵

鳴る土偶として製作された可能性
を持つ。

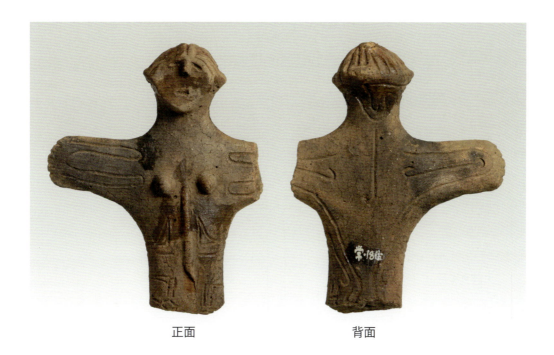

正面　　　　　　　　背面

89　出尻形土偶の上半身
　　伊那市 常輪寺下遺跡　縄文時代中期後葉　伊那市創造館蔵

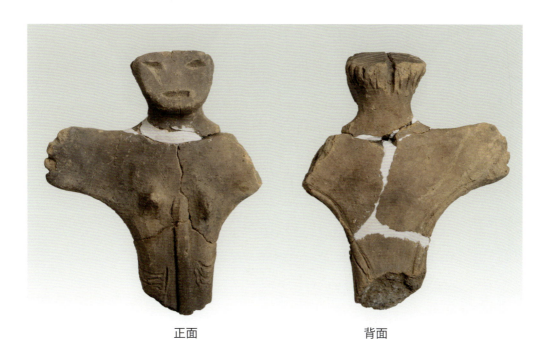

正面　　　　　　　　背面

90　出尻形土偶の上半身
　　飯島町尾越遺跡　縄文時代中期後葉　飯島町教育委員会蔵

第3章　中部高地の土偶　97

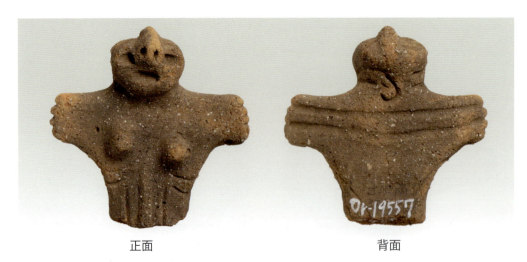

正面　　　　　　　　　背面

91　土偶上半身
　　駒ケ根市辻沢南遺跡　縄文時代中期後葉　駒ケ根市教育委員会蔵

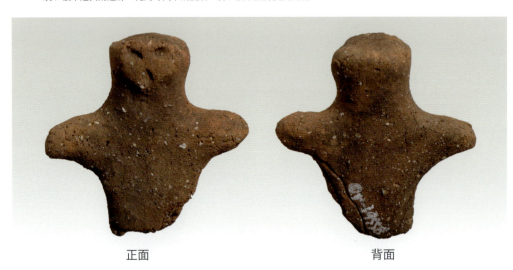

正面　　　　　　　　　背面

92　土偶上半身
　　駒ケ根市辻沢南遺跡　縄文時代中期後葉
　　駒ケ根市教育委員会蔵

93　土偶上半身
　　中川村中村遺跡　縄文時代中期後葉
　　中川村教育委員会蔵

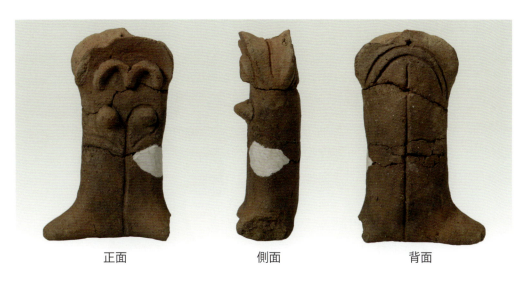

正面　　　　　側面　　　　　背面

94　異形の板状土偶
　　宮田村中越遺跡　縄文時代中期後葉　宮田村教育委員会蔵

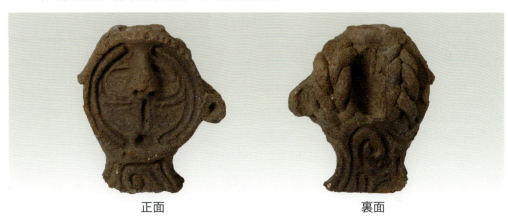

正面　　　　　　　　裏面

95　髪を編み上げた土偶
　　伊那市今泉(いまいずみ)遺跡　縄文時代中期後葉　伊那市創造館蔵
　　実際の髪形か、土器装飾を採用しただけなのかは定かではない。

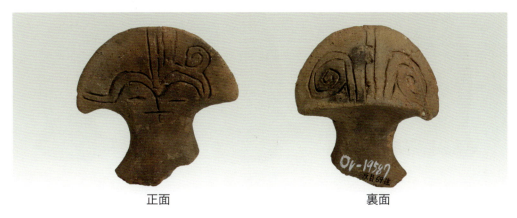

正面　　　　　　　　裏面

96　分銅形頭部の土偶
　　駒ヶ根市反目(そりめ)遺跡　縄文時代中期後葉　駒ヶ根市教育委員会蔵

第3章　中部高地の土偶

イ　下伊那地区

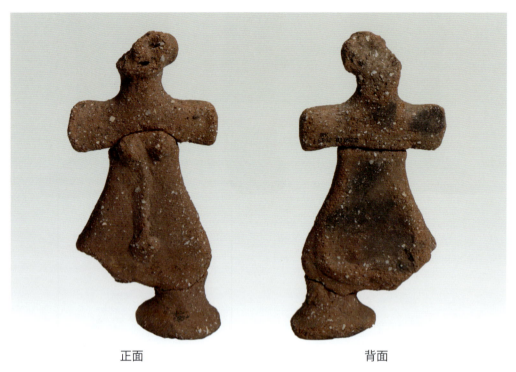

正面　　　　　　　　　　　　背面

97　立像土偶
飯田市　城陸（じょうろく）遺跡　縄文時代中期中葉　飯田市上郷考古館蔵
中葉の古い段階。大きく広げた腕の手首から先が内側に入る。お尻の出張はまだない。

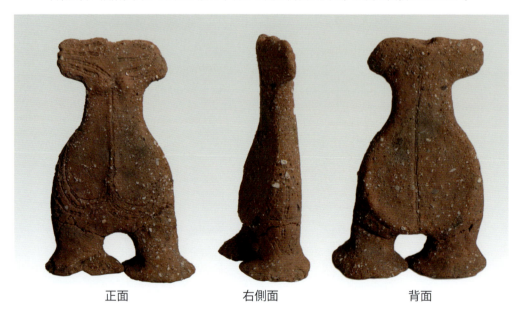

正面　　　　　　　右側面　　　　　　背面

98　立像土偶
飯田市城陸遺跡　縄文時代中期中葉　飯田市上郷考古館蔵
在地の粘土と、在地の半截竹管状工具を伏せて文様を描く手法を用いている。

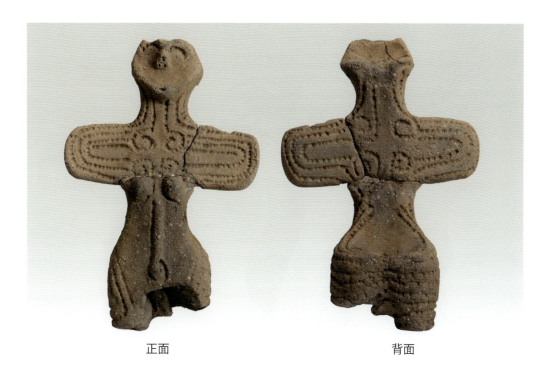

正面　　　　　　　　　背面

99　出尻形土偶
飯田市黒田大明神原遺跡　縄文時代中期中葉　飯田市上郷考古館蔵
中葉のやや新しい段階になると、尻が出張ってくる。

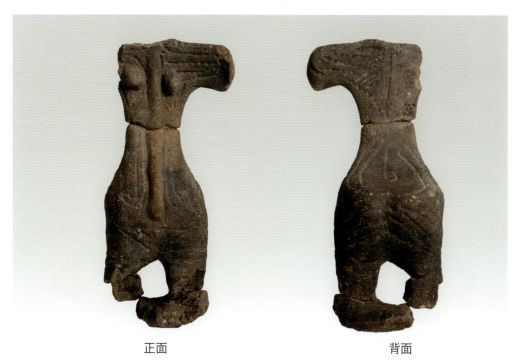

正面　　　　　　　　　背面

100　出尻形土偶
飯田市中村中平遺跡　縄文時代中期中葉　飯田市上郷考古館蔵
正中線が粘土紐で表現する傾向が高いのも、この地区の特徴か。

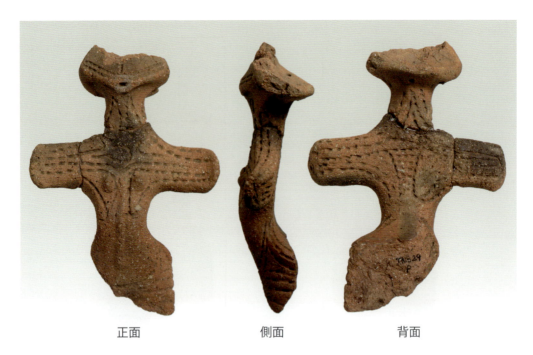

正面　　　　　側面　　　　　背面

101　出尻形土偶
　　豊丘村伴野原遺跡　縄文時代中期中葉　豊丘村教育委員会蔵

102　微笑む土偶
　　飯田市黒田垣外遺跡　縄文時代中期中葉
　　飯田市上郷考古館蔵

正面　　　　　　　　裏面

103　眼下に刺青か涙の表現がある土偶
　　喬木村伊久間原遺跡　縄文時代中期中葉　喬木村教育委員会蔵

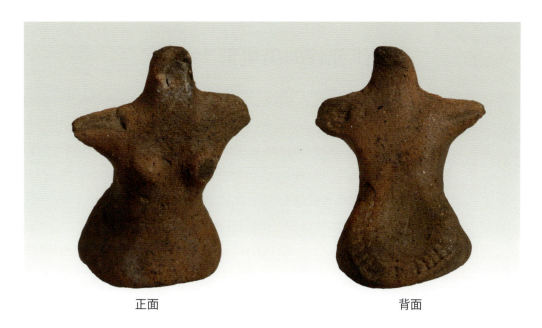

正面　　　　　　　　　背面

104　脚のない自立形土偶
　豊丘村伴野原遺跡　縄文時代中期後葉　豊丘村教育委員会蔵

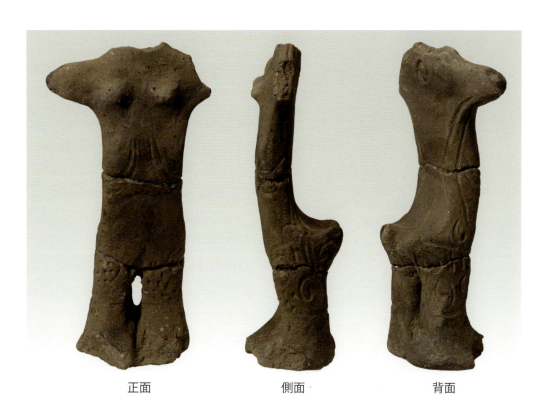

正面　　　　側面　　　　背面

105　出尻形土偶
　喬木村地の神遺跡　縄文時代中期後葉　喬木村教育委員会蔵
　しだいにお尻が尖ったように張り出すようになる。

<コラム>

伊那谷の出尻形土偶

　中期中葉の古い段階（約5,400～5,300年前）には、「縄文のビーナス」風の腰の張りと妊娠を示すお腹のふくらみを表現した例も散見されます。しかし、主体は飯田市城陸遺跡（p100-97・98）のような、お腹もお尻もあまり張り出さない板状土偶だったようです。

　ところが、飯田市黒田大明神原遺跡（p101-99）のように、中期中葉の中頃には、お尻が大きく張り出す出尻形に移行し、伊那谷特有の土偶の原形ができていきます。中期後葉の前半期（約4,900～4,700）には、定着したようです。さらには、喬木村地の神遺跡（p103-105）のように、動物の尖った尻尾のように飛び出す例も出てきました。

　半面、妊娠表現としては正中線が見られるものの、大きなお腹のふくらみは表現されませんでした。伊那谷に住む縄文中期の人びとにとっては、安産が期待でき、重い荷物も背負える仕事もこなせるような、大きく張り出した腰に魅力を感じていたのでしょうか。

　一方、城陸遺跡（97・98）では、他地区との違いとして、腕が幅広く、先端に指表現があり、手のひら部分が内側に折れる特徴が現れます。この特徴は、その後も、中期後葉まで長期間続きます。あたかも、対面した人を包み込むようで、女神の持つ包容力を表現したのかもしれません。この地区に多い微笑み、大らかな表情を見せる例にもつながるのかもしれません。（寺内隆夫）

写真34　日向坂遺跡出土土偶の張り出した腰
（87）

(7) 精選された土偶　～南信　諏訪地区の中期土偶～

　八ケ岳の西南麓から蓼科・霧ヶ峰山麓の広大な丘陵地帯、諏訪湖と周囲の河川流域を含み、縄文時代中期の集落跡が密集する地区です。茅野市棚畑遺跡「縄文のビーナス」や富士見町坂上遺跡「バンザイ土偶」などが発見されていることもあり、大量の土偶が出土しているように思われがちですが、際立って数が多いわけではありません。ただし、中期の土偶・顔面付土器製作の本場であることは間違いなく、優品が点在しています。

　現在、前期に遡る確実な例は見つかっていません。他地区と同じく、中期前葉（約5,400年前）から製作が始まり、「縄文のビーナス」が誕生する中期前葉（初頭）末～中期中葉の始め（約5,300年前）にかけて拍車がかかるようです。

　当初は、「縄文のビーナス」似の土偶などが作られますが、中葉の中頃以降は、有脚立像土偶のほか、さまざまなポーズをとる土偶、鳴る土偶などバラエティ豊富な土偶が作られました。また、土偶と土器の近い関係がうかがえ、例えば、土器にみられる玉抱き三叉文、渦巻文、ヘビ状の装飾などが取り入れられています。また、土偶そのものが土器に貼りつく例。土器本体が土偶の体部と化した顔面把手付土器が製作されました。

　顔面表現を隠すような地域もある時代にあって、顔面やヒトガタ表現が特異な発達をみせた地域の一つといえます。

　中期後葉には、出尻の度合いが緩やかなバンザイ形の土偶が作られました。体側面の装飾には、広範囲に流行する文様が採り入れられるようになっていきました。

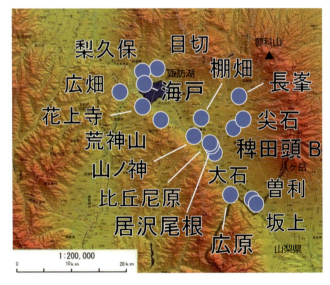

図17　中期展示土偶の出土地（南信・諏訪）
（国土地理院　標高地形図に加筆）

第3章　中部高地の土偶　105

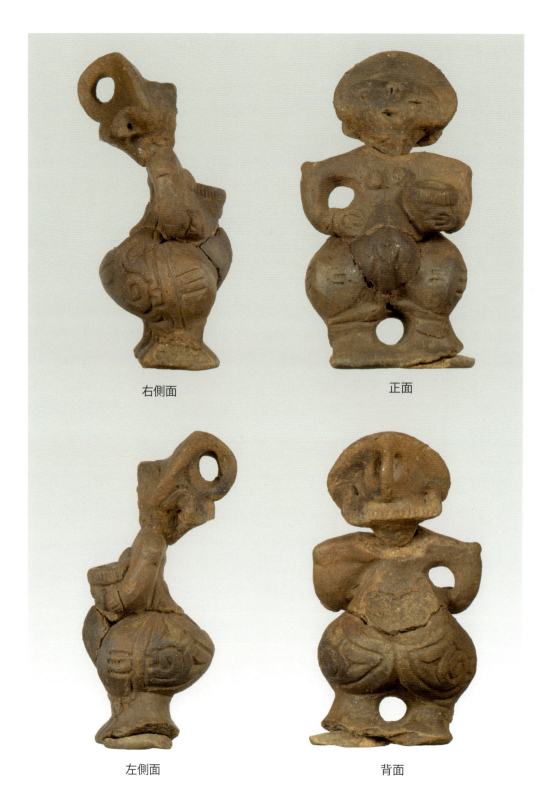

右側面　　　　　　　　　正面

左側面　　　　　　　　　背面

106　壺を抱く土偶
　　　岡谷市目切(めぎり)遺跡　縄文時代中期中葉　市有形文化財　市立岡谷美術考古館蔵
　　　埋まりかけた一軒の竪穴建物跡の埋土からバラバラの状態で出土した。

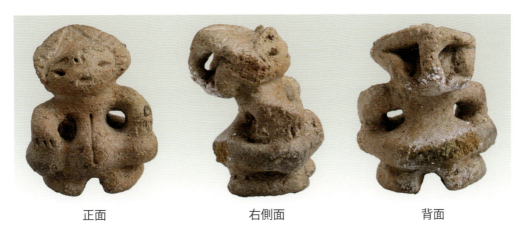

正面　　　　　　　右側面　　　　　　背面

107　ポーズをとる土偶
　　岡谷市花上寺遺跡　縄文時代中期中葉　市有形文化財　市立岡谷美術考古館蔵
　岡谷市内からは、大規模集落跡から1点ずつ、大きさの違うポーズ形土偶が出土した。

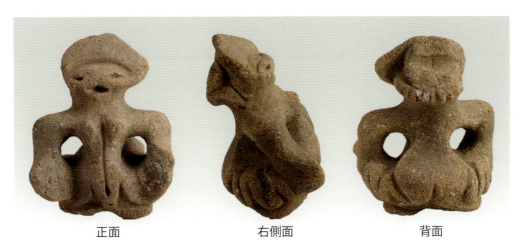

正面　　　　　　　右側面　　　　　　背面

108　ポーズをとる土偶
　　岡谷市広畑遺跡　縄文時代中期中葉　市有形文化財　市立岡谷美術考古館蔵

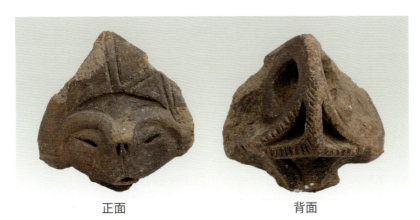

正面　　　　　　背面

109　ポーズ土偶と似た顔の土偶頭部
　　岡谷市梨久保遺跡　縄文時代中期中葉　市立岡谷美術考古館蔵

<コラム>

ポーズをとる土偶

　縄文時代中期以前の土偶は、腕を水平か斜め上に広げているように見えるものの、その多くは途中からかなり大胆に省略されている。ところが中期中葉の中ごろを過ぎた時期に、肩から手先まで表現された土偶が登場する。繊細な手の動きによって、土偶が何らかの動作をするためにポーズをとっているように見えることから「ポーズ土偶」と呼ばれている。

　その典型は諏訪盆地から中信地域に広がる形態で、左手には土器（壺）を抱え、右手はわき腹に添える岡谷市目切遺跡例（p106-106）、後ろに回す松本市生妻遺跡例（p86-69）などが知られ、何れも妊婦の特徴をもつ。土器表現が簡略化された塩尻市剣ノ宮遺跡例（p87-70）も前者に属する。これらポーズをとる姿は土器に係る労働を表現するというよりも、土器と女性、あるいは女神との密接な関係を象徴しているように見える。ポーズ土偶の中には東京都八王子市宮田遺跡例のように子どもを抱えたり、石川県上山田貝塚例のように背負う例もある。さらに両手を腰に当てて力を入れているように見える小型の土偶（p107-107・108）がお産の姿を想像させるとの見方もある。また、山梨県鋳物師遺跡の中空土偶「子宝の女神ラヴィ」（p122-137）は、左手を後ろに回し右手は土器を抱く代わりに腹部に据え、甲州市宮ノ上遺跡例（p133-157）では子を宿した腹部を大事そうに抱えるようなポーズが印象的である。

　古代日本の史資料を紐解くと素焼き段階の土器製作には女性が多く従事していたとされ、世界の民族例でも同様な報告がある（Murdock 他 1973年）。また、フランスの人類学者レヴィストロースはアメリカ大陸の先住民が言い伝えてきた原料粘土を支配し、土器の焼き上がりに影響をあたえる「粘土の大母」「粘土の女神」を紹介している（レヴィ＝ストロース 1990）。これらから類推するに、土偶に敢えて手を取り付けて全身で表現させたかったポーズには、子を宿して、生み、育てるという、女性一代の命を賭けた営みの成就を女神に託した、縄文人の渾身の祈りが籠っているのではないか。そしてそれはとりもなおさず一族の存亡に関わる大事だったと思う。

　縄文時代中期中葉末の縄文人の必死の願いを反映してか、中部高地は続く中期後葉になって大繁栄期を迎え、遺跡数はピーク（勅使河原 2011）に達した。

（水沢教子）

正面　　　　　　　　　左側面

110 **縄文のビーナス似の顔**
　　茅野市棚畑遺跡　縄文時代中期中葉　茅野市尖石縄文考古館蔵

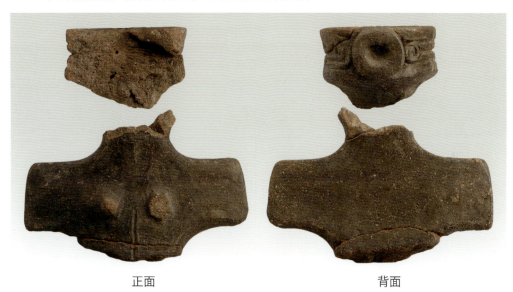

正面　　　　　　　　　背面

111 **顔を削られた土偶**
　　茅野市稗田頭B遺跡　縄文時代中期前葉　茅野市尖石縄文考古館蔵
　　顔面が削りとられ、胴部にも鋭利な刃物による切断痕跡が残る。使用後の土偶の始末の仕方がわかる資料である。

正面　　　　　　　　　背面

112 **仮面をつけた土偶**
　　諏訪市荒神山遺跡　縄文時代中期中葉　諏訪市博物館蔵
　　114同様、胴部できれいに割られている。

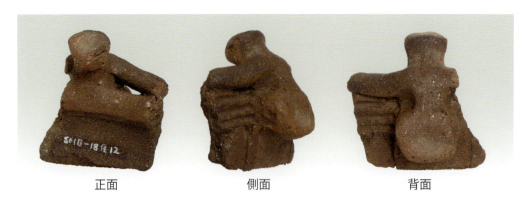

正面　　　　　側面　　　　　背面

113　**土偶装飾付土器**
　　原村大石遺跡　縄文時代中期前葉（初頭）末　原村教育委員会蔵
　　五領ヶ台式終末期の土器の縁に、極小の土偶がしがみつく。以後、発達する土偶装飾付土器の原形とみられる。土偶特有の顔とは似ていないため、異なるカミを表現した可能性がある。

正面　　　　　側面　　　　　背面

114　**円錐形土偶**
　　茅野市山ノ神遺跡　縄文時代中期中葉　茅野市尖石縄文考古館蔵
　　中空で、中に何かを入れ土鈴とした可能性も考えられる。

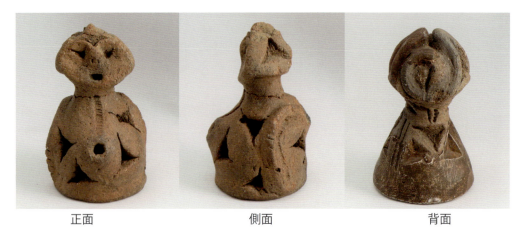

正面　　　　　側面　　　　　背面

115　**円錐形土偶**
　　茅野市棚畑（たなばたけ）遺跡　縄文時代中期中葉　茅野市尖石縄文考古館蔵

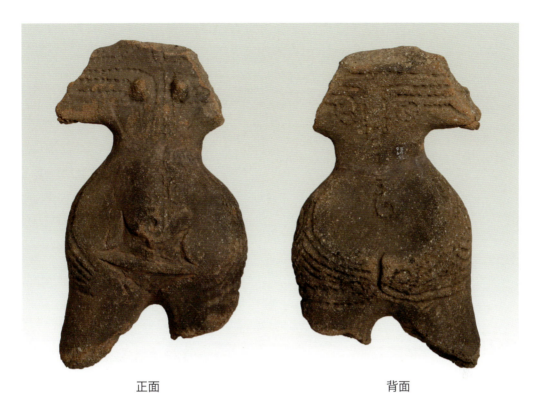

正面　　　　　　　　　　　背面

116　**有脚立像土偶**
　　　原村比丘尼原遺跡　縄文時代中期中葉　原村教育委員会蔵
　　大きくはないが、諏訪地区には立像土偶の秀作が点在している。

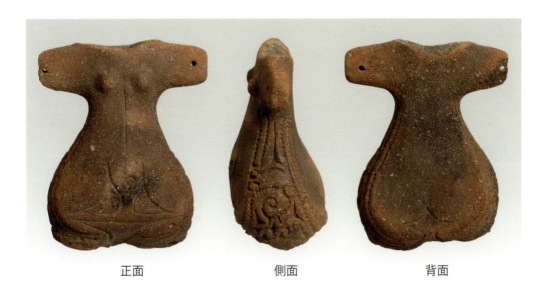

正面　　　　　側面　　　　　背面

117　**有脚立像土偶**
　　　諏訪郡富士見町広原遺跡　縄文時代中期中葉　井戸尻考古館蔵

第3章　中部高地の土偶　　111

正面　　　　　　　　　　　　　背面

118　**有脚立像土偶**
　　茅野市 尖石遺跡　縄文時代中期後葉　茅野市尖石縄文考古館蔵
　　立たせるために大きく脚を折り曲げている。

119　**土偶の未成品**　　　　　　　120　**小形土偶**
　　原村居沢尾根遺跡　縄文時代中期後葉　　岡谷市海戸遺跡　縄文時代中期
　　原村教育委員会蔵　　　　　　　　　　　市立岡谷美術考古館蔵

　　粘土塊を捻り出して作る簡便な土偶の　　119と同様の作り方で顔、乳房がつけ
　　未成品か、単なるお遊びのレベルかは　　られている。
　　不明

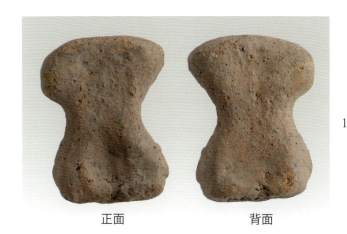

正面　　　　　背面

121 **分銅形の板状土偶**
岡谷市海戸遺跡　縄文時代中期か
市立岡谷美術考古館蔵

中期の竪穴建物跡埋土中から出土したが、装飾も乳房などの表現もなく、時期ははっきりしない。

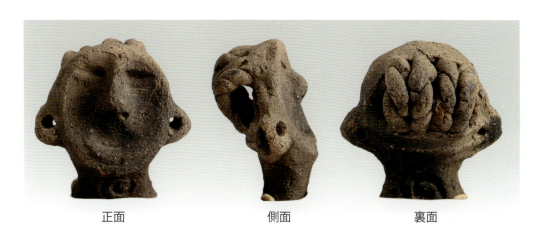

正面　　　　　側面　　　　　裏面

122 **土偶頭部**
茅野市長峯遺跡　縄文時代中期中〜後葉
茅野市尖石縄文考古館蔵

耳飾りをつけ、髪を結ったような装飾がみられる。

123 **喉にくぼみのある土偶**
富士見町曽利遺跡　縄文時代中期後葉
井戸尻考古館蔵

脚のない小形品。小さな口の下に凹みがある。

124 バンザイ形土偶
富士見町坂上遺跡　縄文時代中期後葉　重要文化財　井戸尻考古館蔵

正面　　　　　　　　　　左側面

背面　　　　　　　　　　右側面

第3章　中部高地の土偶　115

<コラム>

土偶の仕舞い方

　自らの行く末に考えがおよぶよう進化した人間にとって、人生の仕舞い方は悩ましい問題である。また、縄文人にとっては、自分たちで形を作り、生を与えた土偶の最後をどうするかも、重大な問題だったに違いない。正しい祭式に則って仕舞わなければ、仮想空間から悪霊に変化(へんげ)して戻って来るかも知れないと、考えていたかも知れない。

　バラバラの状態で出土する土偶が多いことから、豊穣を祈る際に割って蒔かれる、あるいは参加者に分与されたとの考え方もある。しかし、茅野市稗田頭B遺跡例（図18）のように、顔をつぶされ、鋭利な石器で胸下を切られている状況を見ると、役割を終える時の土偶の扱いには、必ずしも明るい未来だけではないことを示していよう。願いが届かなかった場合、あるいは呪いにかかわる例も想定され、仕舞い方はさまざまである。

　一方、国宝・重要文化財に指定された大形で残存率の高い土偶は、ムラの中央広場の墓坑などに丁重に埋納されている場合がある。墓の主は、土偶と深いかかわりを持つ人物だったと推測され、長年にわたり住人の願いを聞き届けてきた土偶なのかも知れない。前頁の富士見町坂上遺跡もこうした例の一つである。ただし、なぜか片脚が見つからない（右脚は復元）。茅野市中ッ原遺跡「仮面の女神」の片脚も周到に壊されてから戻されていた。どんなに、丁寧に葬ったとしても、片脚を壊しておかなければならない理由があったと考えられる。女神を制御できた墓の主の死後、勝手に仮想空間を歩かれては困るとでも思っていたのだろうか。せっかく土坑に埋められたにもかかわらず、頭や腕まで取られてしまった例もある（図19）。

　このように、土偶は製作目的の違いで大きさや形・表情が異なり、願いが届いたかどうかといった使用時の状況で扱いが変わり、それによって最後のあり方も千差万別になったと考えられる。仕舞い方にも、土偶を保有したそれぞれの縄文人、周囲のムラ人の思いがこもっていたと考えられる。（寺内隆夫）

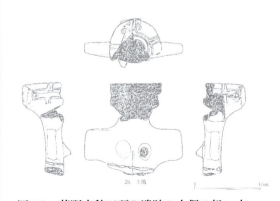

図18　茅野市稗田頭B遺跡の土偶の扱い方

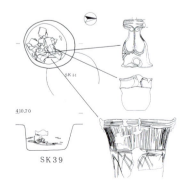

図19　飯田市城陸遺跡の土偶出土状況

(8) 土偶にかける技術と表現力　〜山梨県の中期土偶〜

　甲府盆地を中心に、周囲の小盆地や山間地を含めた地区です。山麓丘陵や扇状地、河岸段丘上に縄文時代中期の遺跡が広がっています。今回の展示では、長野県に隣接し八ケ岳の山麓や釜無川流域という点でつながりの深い北杜市域、重要文化財に指定されている南アルプス市鋳物師屋遺跡の資料。さらに甲府盆地の東に位置し、千点を超える大量の土偶を出土した釈迦堂遺跡に近接する甲州市・笛吹市の資料を集めました。

　長野県諏訪地区からは山麓続きで交通の障へきが少なく、中期土偶には共通性が高く認められます。また、中期土偶・顔面把手付土器の本場だけあり、顔を描く描線や点の一つ一つにまで神経が行き届いた、丁寧な作りの土偶が数多くみられます。

　山梨県内では、釈迦堂遺跡（p62-16〜22）などで前期に遡る土偶が存在します。また、中期土偶の顔に似た顔も北杜市雑木遺跡（p61図10）の土器に描かれており、土偶が盛行するおぜん立てが整っていた地区だといえます。

　中期に入ってから（約5,400年前）は、有脚立像・頭頂部が平らな河童形・ハート形の顔面といった、長野県側と類似した形の土偶が盛行します。中葉（約5,300年前）からは、顔面把手と共通する髪飾や耳飾のついた土偶が増え、さまざまな表情をみせます。

　土偶製作がやや下火となる中期後葉（約4,900年前以降）には、バンザイ形土偶などへ変化をとげました。

図20　山梨県の展示土偶出土地
（国土地理院　標高地形図に加筆）

ア 八ヶ岳・茅ヶ岳山麓と釜無川上流域の土偶

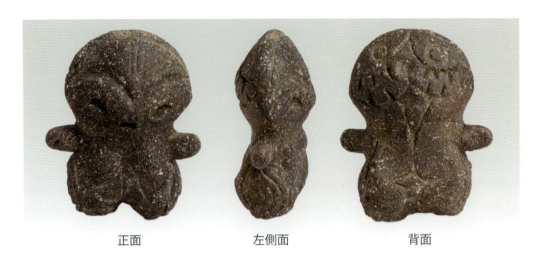

正面　　　左側面　　　背面

125　小形土偶「チビーナス」
　　　北杜市諏訪原遺跡　縄文時代中期中葉　北杜市考古資料館蔵
　　　高さ5cm余りの手のひらサイズ

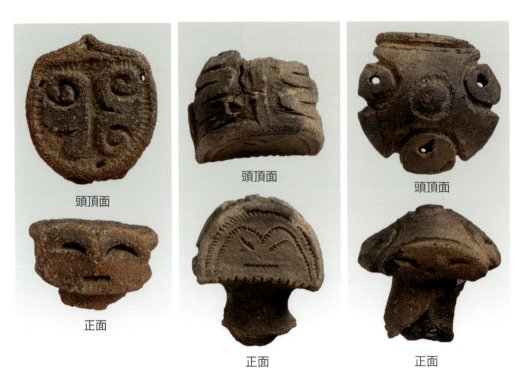

126　微笑む土偶
　　　北杜市実原(さねはら)A遺跡
　　　縄文時代中期中葉
　　　北杜市考古資料館蔵
　　　頭頂部の装飾に各々特徴
　　　がみられる。

127　怒る土偶
　　　北杜市西ノ原B遺跡
　　　縄文時代中期中葉
　　　北杜市考古資料館蔵
　　　使用方法に応じて表情を
　　　違えて作ったのか

128　微笑む土偶
　　　北杜市石原田北遺跡
　　　縄文時代中期中葉
　　　北杜市考古資料館蔵

正面　　　側面　　　背面

129　**有脚立像土偶**
　　　北杜市向原遺跡　縄文時代中期中葉　北杜市考古資料館蔵

130　**「縄文のビーナス」似の顔**
　　　北杜市寺所第2遺跡
　　　縄文時代中期中葉
　　　北杜市考古資料館

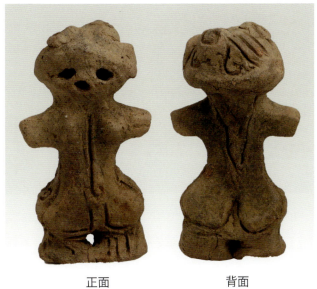

正面　　　背面

131　**有脚立像土偶**
　　　北杜市宮の前B遺跡　縄文時代中期中葉　北杜市考古資料館蔵

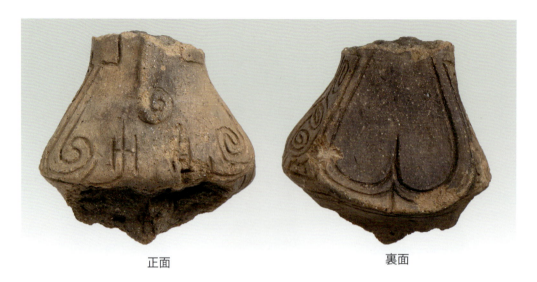

正面　　　　　　　　　　　　　裏面

132　立像土偶の体部
　北杜市山崎第4遺跡　縄文時代中期後葉　北杜市考古資料館蔵

イ　南アルプス東麓の土偶

正面　　　　　　　　　　　　　裏面

133　典型的な中期の顔をもつ土偶
　南アルプス市北原C遺跡　縄文時代中期中葉
　南アルプス市ふるさと文化伝承館蔵
　縄文時代中期中葉の中部高地で、もっともポピュラーな顔面

正面　　　　　　　　　　　頭頂面

134　微笑む土偶
　　　南アルプス市鋳物師屋遺跡　縄文時代中期中葉　重要文化財　南アルプス市ふるさと文化伝承館蔵
　　屈託のない笑顔を見せてくれる「縄文のビーナス」タイプの土偶

正面　　　　　　　　　　　側面

135　神妙な面持ちの土偶
　　　南アルプス市鋳物師屋遺跡　縄文時代中期中葉　重要文化財　南アルプス市ふるさと文化伝承館蔵

136　瞳のある土偶
　　　南アルプス市鋳物師屋遺跡　縄文時代中期中葉
　　　重要文化財
　　　南アルプス市ふるさと文化伝承館蔵
　　数少ない瞳を表現した土偶。有名な「黒駒の土偶」(山梨県中丸遺跡)に似た顔つき。

137 　大形円錐形土偶「子宝の女神ラヴィ」
　　　縄文時代中期中葉　南アルプス市鋳物師屋遺跡　重要文化財　南アルプス市ふるさと文化伝承館蔵

正面

左側面

背面

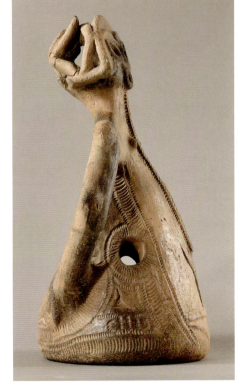

右側面

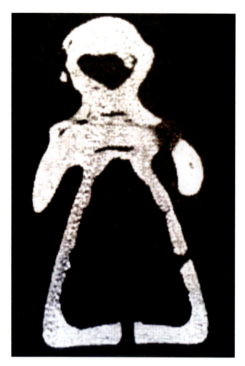

写真35　X線画像
　　　　　土器作りと同様に、粘土紐を輪積みして形を作っていることがわかる（継ぎ目部分の粘土が薄くなる）。

写真36　出土状況

写真37　目に赤彩の痕跡が残る

●「子宝の女神 ラヴィ」について

形　状：円錐形土偶　　　　　　大きさ：高さ 25.5 ㎝
時　期：縄文時代中期中葉　　　出土場所：鋳物師屋遺跡第 57 号住居跡床面
特　徴：脚のつかない円錐形で自立する。内部は空洞になっており、小石などを入れて音をなるようにしたのではないかとの説がある。頭部も空洞で、仮面と頭部装飾のみがあり、本来の頭部・顔はない表現になっている。目には赤彩の痕跡が残っている。大きなお腹と腰に三本指の手を当てるポーズをとる。正中線の表現などもあるため、妊娠女性をモデルにしているとされる。
　中部高地には、中期から後期にかけて円錐形土偶があるが、本例がずば抜けた大きさを誇る。
　出土状況も、多くの土偶とは違い、竪穴建物跡の床面に伏せた状態で見つかった。左肩と後頭部装飾の一部か欠けているだけで、ほぼ完存状態というのも稀な例である。首が折れているが、意図的に折って埋納したのか、土圧等で割れたのかは不明。
　「子宝の女神ラヴィ」は公募でつけられた愛称。ラヴィはフランス語で命の意味。

　　　正面　　　　　　　　右側面　　　　　　　　斜正面

138　**猿形土製品**
　　南アルプス市鋳物師屋遺跡　縄文時代中期中葉　重要文化財　南アルプス市ふるさと文化伝承館蔵
　　頬袋が表現され、耳や横顔の表現もリアルな日本猿。縄文人はヘビ・イノシシなどは比較的抽象的に表現するが、サルについてはリアルである。

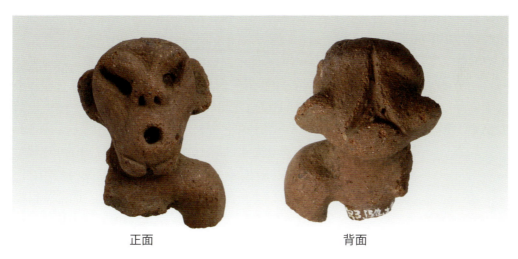

　　　　　正面　　　　　　　　　　　　　背面

139　**猿形土製品**
　　甲州市宮之上遺跡　縄文時代中期中葉　甲州市教育委員会蔵
　　ヒトに近いが、サル特有の耳に注目。頬袋もしっかりと表現されている。

140　**猿形土製品**
　　甲州市宮之上遺跡　縄文時代中期
　　甲州市教育委員会蔵

<コラム>

手乗りサイズの小さな女神

　山梨県北杜市には「チビーナス」の愛称で親しまれる土偶があります（p118-125）。約5cmの2頭身で、手のひらに収まるサイズです。縄文時代中期中葉の住居跡で発見されました。小さいながらも頭部や目鼻口、手足、乳房やお尻がはっきりと表現され、粘土も緻密でとても丁寧に作られています。また甲州市宮ノ上遺跡では、頭部がありませんが、体育座りをした3cmに満たない極小の土偶も発見されました（p132-155）。

　「チビーナス」のような手乗りサイズの小形土偶は、土偶づくりが盛んになる縄文中期前葉（初頭）から後葉までの長野県内の遺跡でも見つかっています。

　大きな耳が特徴的な伊那市月見松遺跡例（p92-77）は、平らな頭頂部と後頭部にあいた縦孔が、通常サイズの「河童形土偶」とよく似ています。同じく月見松遺跡の小形土偶（p92-78）は、頭や手足を胴に装着するためソケット状に凹んでおり（写真39）、小形でも通常の土偶と同様の分割塊技法で丁寧に作っていることが分かります。また岡谷市花上寺遺跡では、膝に手を置きポーズを取る小形土偶が見つかっています（p107-107）。頭部の文様などが丁寧で、粘土の質も良く、その製作技術は通常サイズとほとんど変わりません。

　一方で、手や足が省略された例もあります（飯山市深沢遺跡、岡谷市海戸遺跡、箕輪町中山遺跡など）（p72-44、p113-121、p93-81）。一部が省略されながらも、頭部や目鼻口が描かれ、乳房や膨らんだお尻、正中線といった女性像が表現されています。中期の縄文人にとって、土偶にこうした表現をすることが重要だったのでしょう。

写真38　花上寺遺跡出土土偶
　　　　　　　　　　　　（107）

　それでは小形土偶とは何なのでしょうか。一説には、国宝土偶を含めた大形・中形の土偶はムラや地域の構成員で祭祀を行い保管・伝世していったもので、小形の土偶は何らかの地位がある個人が保管し伝世したものではないかと言われます（三上2014）。

　何のために作り、どのように使ったのかについては謎が残りますが、長い時期にわたって、小さくても丁寧に作られたものが多いこと、墓跡と思われる土坑から出土した例もあることから、大切にされたことがうかがえます。（杉木有紗）

写真39　月見松遺跡出土土偶
　　　　（78）の脚の装着部分

ウ 甲府盆地東部の土偶

141 **顔が覆われた土偶**
甲州市宮之上遺跡　縄文時代中期前（初頭）〜中葉
甲州市教育委員会蔵

宮之上遺跡の初期土偶、顔に被り物のようなものをつける。

142 **ハート形の顔の土偶**
甲州市宮之上遺跡　縄文時代中期前〜中葉
甲州市教育委員会蔵

初期の顔立ちはハート形になる例が多い。

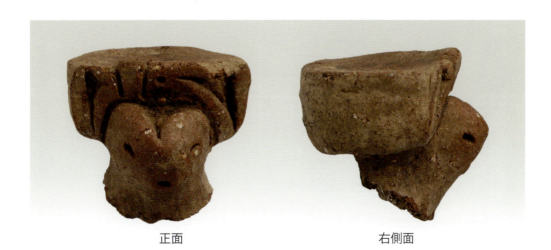

正面　　　　　　　　　　右側面

143 **ビーナス似の土偶**
甲州市宮之上遺跡　縄文時代中期中葉　甲州市教育委員会蔵
縄文のビーナスに似た大きな帽子のようなものを載せている。

第3章　中部高地の土偶　127

頭頂部

右側面　　　　　　　　正面

144　大きな被り物から顔が出る土偶
甲州市宮之上遺跡　縄文時代中期中葉　甲州市教育委員会蔵

頭頂部

正面

145　河童形土偶
甲州市宮之上遺跡　縄文時代中期前葉〜中葉
甲州市教育委員会蔵

この遺跡では少ない。頭部に目だけが表現された「河童形土偶」

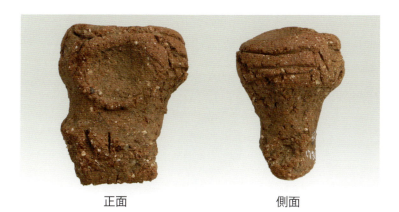

正面　　　　　　　側面

146　**顔をつぶされた土偶**
　　甲州市宮之上遺跡　縄文時代中期前～中葉　甲州市教育委員会蔵
　　顔が表現されていないか、製作時すでにつぶされた土偶

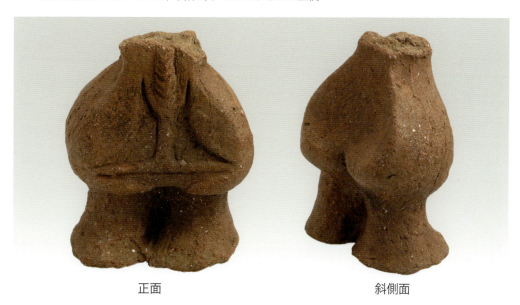

正面　　　　　　　斜側面

147　**有脚立体土偶の下半身**
　　甲州市宮之上遺跡　縄文時代中期中葉　甲州市教育委員会蔵
　　腹部装飾や臀部の形状、雲母を混ぜた体部の磨き込みに力点が置かれている。

148　**目鼻などを貼る土偶**
　　甲州市宮之上遺跡　縄文時代中期中葉
　　甲州市教育委員会蔵
　　目・口を貼り付けたラヴィ形の顔面

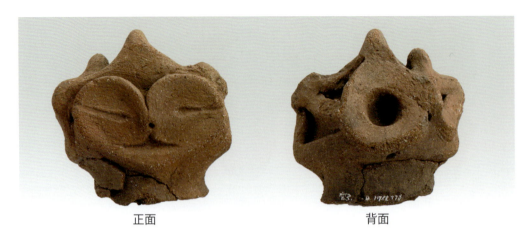

正面　　　　　　　　背面

149　微笑む土偶
　　　甲州市宮之上遺跡　縄文時代中期中葉　甲州市教育委員会蔵

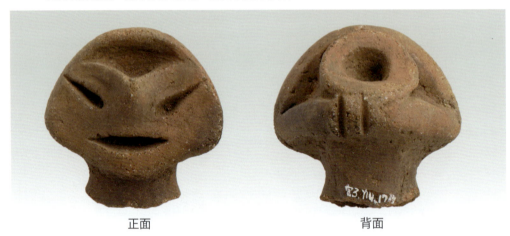

正面　　　　　　　　背面

150　笑う土偶
　　　甲州市宮之上遺跡　縄文時代中期中葉　甲州市教育委員会蔵

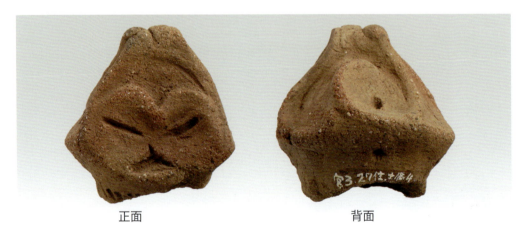

正面　　　　　　　　背面

151　怒る土偶
　　　甲州市宮之上遺跡　縄文時代中期中葉　甲州市教育委員会蔵
　　　怒りの表情は邪気を寄せ付けないためか

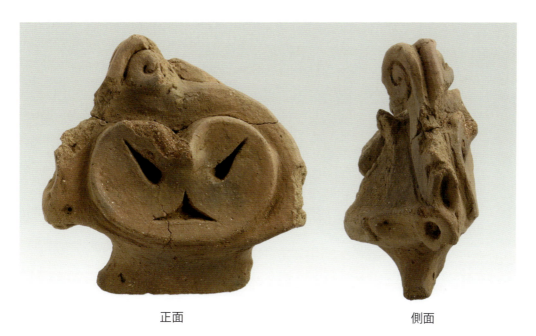

正面　　　　　　　側面

152　**怒る大形土偶**
　　　甲州市宮之上遺跡　縄文時代中期中葉　甲州市教育委員会蔵
　　　残存部で高さ12.7cmの大形品

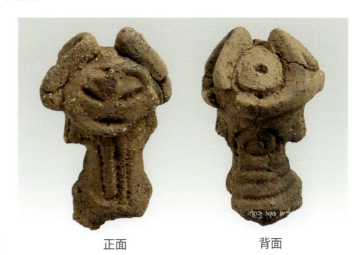

153　**怒る土偶**
　　　甲州市宮之上遺跡
　　　縄文時代中期中葉
　　　甲州市教育委員会蔵

正面　　　　　　　背面

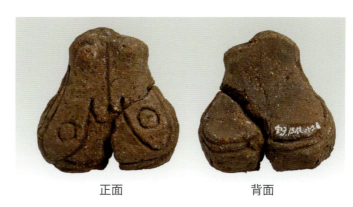

154　**小形土偶**
　　　甲州市宮之上遺跡
　　　縄文時代中期中葉
　　　甲州市教育委員会蔵

正面　　　　　　　背面

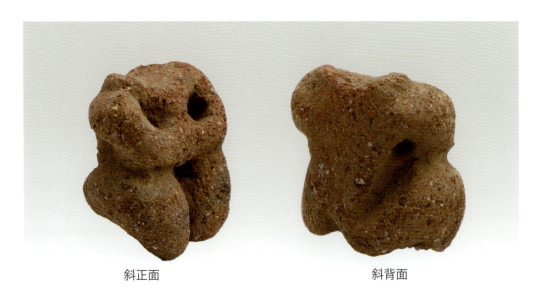

斜正面　　　　　　　　　　斜背面

155　**極小土偶**
　　　甲州市宮之上遺跡　縄文時代中期中葉　甲州市教育委員会蔵
　　高さ3cm、幅2.6cmの極小土偶。細部まできっちりと作り込まれた姿形を示す。信念と技術力の高さがうかがえる。

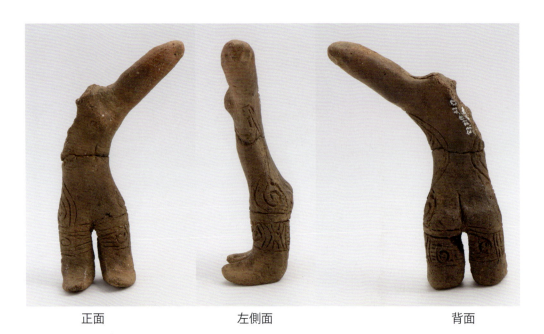

正面　　　　　　　　左側面　　　　　　　　背面

156　**バンザイ形土偶**
　　　甲州市宮之上遺跡　縄文時代中期後葉　甲州市教育委員会蔵

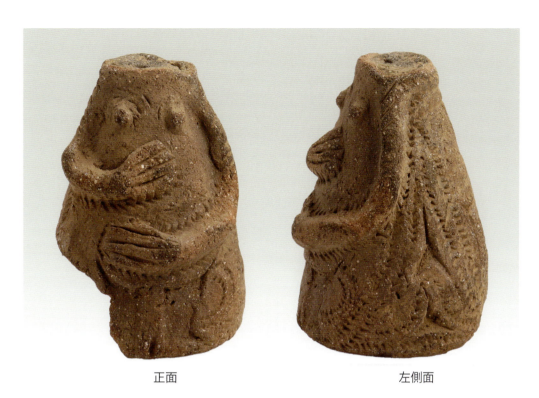

正面　　　　　　　　　　　　左側面

157　**円錐形土偶**
　　甲州市宮之上遺跡　縄文時代中期前～中葉　甲州市教育委員会蔵
　　中空でお腹を抱えるポーズをとる。

正面　　　　　　　　　　　　背面

158　**円錐形土偶**
　　笛吹市国分寺遺跡　縄文時代中期中葉　笛吹市春日居郷土館蔵
　　中空で土鈴だった可能性もある。

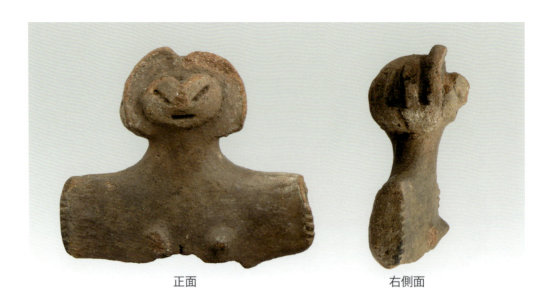

正面　　　　　　　右側面

159　**幅広の腕を持つ土偶**
　　　笛吹市 桂野遺跡　縄文時代中期中葉　笛吹市春日居郷土館蔵
　　伊那谷に多くみられるタイプで、幅広で指があり、やや内向きに手を曲げる。

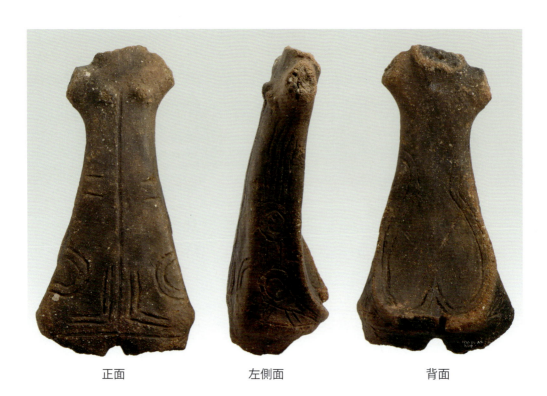

正面　　　　　　左側面　　　　　　背面

160　**板状土偶**
　　　笛吹市西原遺跡　縄文時代中期中葉〜後葉　笛吹市春日居郷土館蔵

<コラム>

土偶の作り方と廃棄

　土偶のなかには、山梨県の釈迦堂遺跡例で出土した1000個を超す破片のように、ばらばらに壊れて見つかる場合がみられます。壊れて見つかった破片を観察すると、小粘土塊から作られた胴部や足の付け根など、片側がソケット状に凹み、そこへ電球を嵌め込むように、別のパーツが取り付けられて組み立てられていったことが分かります。

　一方、割れていない土偶の内部を観察する便利な方法に、X線によるレントゲン撮影があります。X線は密度の低い部分を透過し易いため、粘土の継ぎ目や輪積み、穴の位置が明確に分かります。X線CTによる調査によって、ほぼ完形で出土した縄文のビーナスもやはり複数の粘土塊から作られていることが確認されました。さて、塩尻市平出遺跡の土偶（p 82-60）など、割れた土偶の破断面には小孔が見える場合があります。おそらく製作時には、ここに木や竹で作った心棒を通し、それぞれのパーツを繋ぎ合わせていたものの、焼成時に焼失してしまったのでしょう。坂北村東畑遺跡出土土偶は、県立歴史館によるレントゲン撮影によって、頸から頭部へ向かって9cm、胴部にも足と連結するために最長13cmもの心材が差し込まれていたことが分かりました（柳沢2005）。本展示を機に今後、当館で県内各地の土偶のレントゲン撮影を進めることができれば、さらに製作の方法が明らかになってくると思います。

　さて、このように壊れやすい土偶を作った理由として、多くが女性像である土偶を故意に破壊することによって、豊穣や人々の安寧を願ったのではないかという説があります。女神が死ぬことによって遺骸から作物が発生するといった神話が、インドネシアや日本列島に残っていたからです。粗雑な土偶に、粘土塊の継ぎ目でうまく割れた事例が多い理由には元々壊されるためにわざと壊れやすく作られた可能性が指摘されていますが果たしてそうでしょうか。元々粗雑な原料土しか手に入らなかったとしたら、土塊を継いで作る方法や強固な心棒は、むしろ複雑な形を安全に焼き上げるための工夫とも考えられます。様々な可能性を探りながら、中期土偶の作り方の意味を考えたいものです。（水沢教子）

写真40　分割されて作られた平出遺跡出土土偶

4 呪術性を感じさせる土偶へ
～後・晩期の土偶～

(1) 概　要

　縄文時代中期中葉（約 5,300 ～ 5,000 年前）、ムラの数や人口増加とともに発展をとげた中部高地の土偶でしたが、中期後葉の中ごろ（約 4,700 年前）をすぎると製作数が減り、多様だった創作性も衰えていきました。その後、中部高地では、中期末葉（約 4,500 年前）に遺跡数が激減します。寒冷化によって生活が成り立たなくなったと考えられています。危機を乗り切るためか、石を使った大がかりな祭祀が中心になり、土偶は影を潜めていきました。

　後期前葉（約 4,000 年前）になると、ようやくムラの数や建物の数が回復傾向を示し、土偶も再び増加します。ただし、中期中葉にみられた大らかな表情を見せる土偶は少なくなり、表情のわかりにくい仮面をつけた土偶が中心となっていきました。

　回復傾向も束の間、後期中葉以降（約 3,800 年前）以降、再び、衰退がはじまります。土偶は、関東や東北の影響を受けた例が増え、地元で独自色の強い優品を作りあげるということは少なくなっていきました。

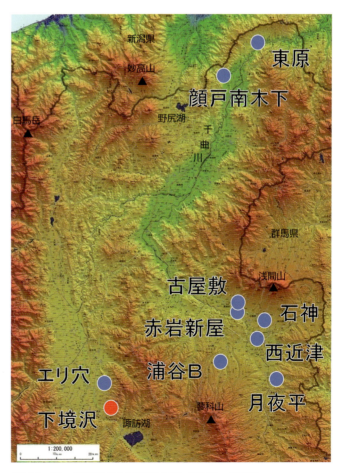

図 21　後・晩期展示土偶出土地（北信～中信）
　●は弥生時代　　（国土地理院　標高地形図に加筆）

（2）数少ない土偶を使う　～北・東信の後・晩期土偶～

　関東・東北などの遠隔地と情報を共有したような土偶が見られます。関東からは、後期前葉にハート形土偶や筒形土偶などの情報が入ってきます。さらにその後、頭部が山のような形になる山形土偶の影響が見られるようになります。
　晩期には板状土偶のほか、ごくまれに遮光器土偶も見られます。

ア　北信

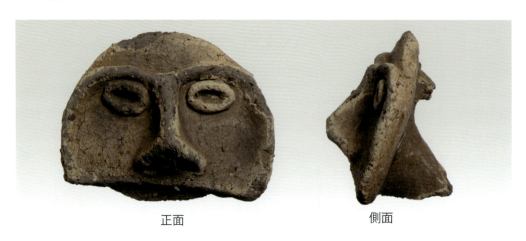

正面　　　　　　　　　側面

161　**仮面土偶頭部**
　　　飯山市顔戸 南 木下遺跡　縄文時代後期中～後葉　飯山市ふるさと館蔵
　　　首のつけ根から仮面につながる。大きな鼻や貼付した目の表現は
　　　関東のハート形土偶の系譜か。

正面　　　　　　　　　裏面

162　**赤彩された板状土偶頭部**
　　　飯山市東原遺跡　縄文時代後期中～後葉　飯山市ふるさと館蔵
　　　面に赤彩が施されている。

イ 東信

163 **筒形土偶**
東御市古屋敷遺跡　縄文時代後期前葉
市指定文化財　東御市文書館蔵

中空の体部に仮面が乗る。中期の円錐形土偶と異なり、関東で発達をみせる筒形の土偶。敷石の間から出土した。

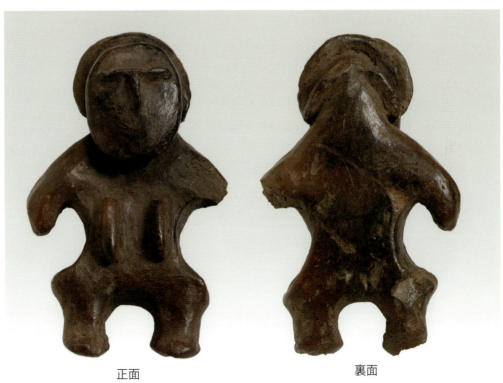

正面　　　　　　　　　裏面

164 **磨かれた仮面土偶**
東御市赤岩新屋遺跡　　縄文時代後期～晩期　　市指定文化財　東御市文書館蔵
なで肩で乳房が垂れ下がり、腰部が張り、晩期的な様相を示す。

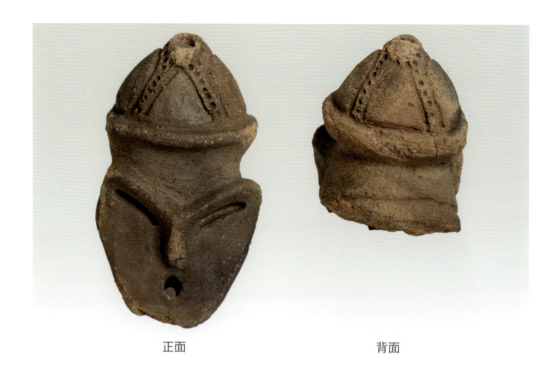

正面　　　　　　　　　背面

165　**仮面土偶**
　　　縄文時代後期前葉　佐久市西近津遺跡　佐久市教育委員会蔵
　　「仮面の女神」に比べ、頭部が上方へ延び、退化傾向が認められる。

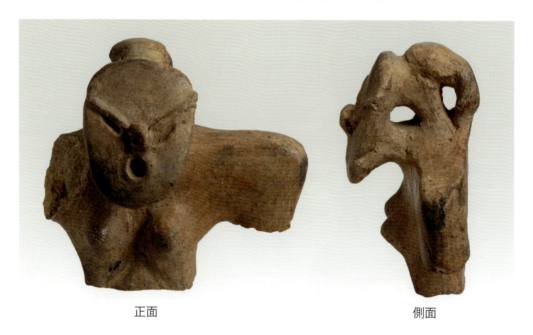

正面　　　　　　　　　側面

166　**仮面土偶**
　　　縄文時代後期　佐久市月夜平遺跡　佐久市臼田文化センター蔵
　　頭部がなく仮面のみが強調されるようになる。細いつり目と丸くあいた口は165と共通する。

167 有脚立像土偶
佐久市浦谷(うらや)B遺跡
縄文時代後期後葉～晩期前葉
佐久市望月歴史民俗資料館蔵
しだいに数を減らす自立土偶の例。

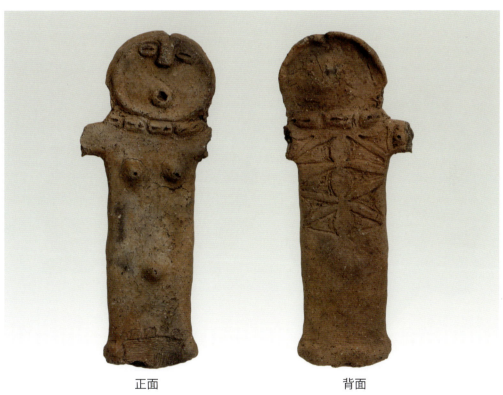

正面　　　　　　背面

168 板状土偶
縄文時代晩期前葉　小諸市石神遺跡　小諸市教育委員会蔵
手足の表現が退化し、土版に近くなる。ネックレスと土版に共通する背面の文様が特徴的である。

正面

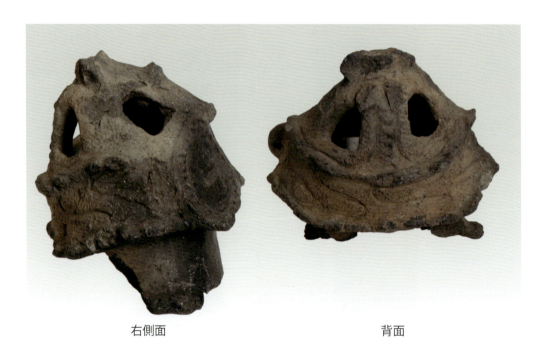

右側面　　　　　　　　　　　背面

169　遮光器土偶
　　　縄文時代晩期　小諸市石神遺跡
　　　小諸市教育委員会蔵
　　　県内ではひじょうに珍しい。

（3）エリ穴遺跡にみる多様性　〜中信の後・晩期土偶〜

　松本市エリ穴遺跡出土土偶から、顔面を主に集めた。中期の大らかな表情がなくなり、辛い、困った表情、あるいはデスマスクを思わせるようになります。土製品の製作技術は、耳飾などに注ぎこまれ優品が多い。その反面、土偶は他地域の例に倣って製作している程度にとどまる。

170　顔面五角形の土偶
　　　松本市エリ穴遺跡
　　　縄文時代後期
　　　松本市立考古博物館蔵

171　丸顔の土偶
　　　松本市エリ穴遺跡
　　　縄文時代後期
　　　松本市立考古博物館蔵

正面

側面

背面

172　粗製の土偶
　　　松本市エリ穴遺跡　縄文時代後期　松本市立考古博物館蔵
　　　簡単な作りだが、身体が実際の人に近づく。

正面　　　　　　　側面　　　　　　　背面

173　山形土偶
　　　松本市エリ穴遺跡　縄文時代後期　松本市重要文化財　松本市立考古博物館蔵
　　　大きく髪を結ったように頭部が横に突出する。

正面　　　　　　　　　　　　裏面

174　山形土偶
　　　松本市エリ穴遺跡　縄文時代後期　松本市重要文化財　松本市立考古博物館蔵
　　　頭頂部がゆるやかに挟まり、山形と呼ばれる。

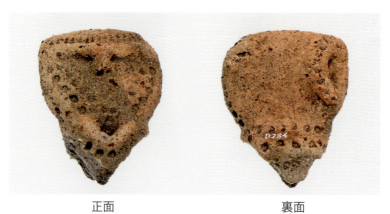

正面　　　　　　　　　　　　裏面

175　顔に列点のある土偶
　　　松本市エリ穴遺跡　縄文時代晩期前葉　松本市重要文化財　松本市立考古博物館蔵

176 土偶顔面
　　松本市エリ穴遺跡
　　縄文時代晩期前葉
　　松本市重要文化財
　　松本市立考古博物館蔵

177 土偶顔面
　　松本市エリ穴遺跡
　　縄文時代晩期前葉
　　松本市重要文化財
　　松本市立考古博物館蔵

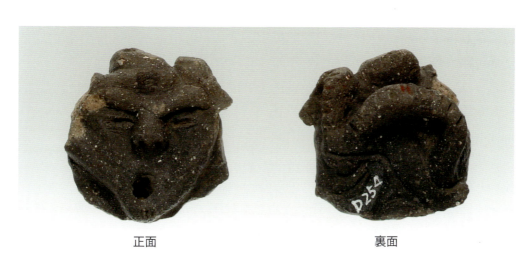

正面　　　　　　　　　　　　　裏面

178 土偶顔面
　　松本市エリ穴遺跡　縄文時代晩期前葉　松本市重要文化財　松本市立考古博物館蔵

(4) さまざまな仮面　〜南信の後・晩期土偶〜

ここでも、中期末葉〜後期初頭（約4,500〜4,300年前）にかけて、ほとんど土偶が作られなくなりました。再び、土偶が姿を見せるのは、後期前葉（約4,000年前）に入ってからです。

伊那谷で、中期後葉に一世を風靡した出尻形の土偶はなくなり、あらたに仮面土偶と呼ばれるタイプが作られるようになりました。関東のハート形土偶の影響で成立したと考えられています。

しかし、大形で自立する仮面土偶の盛行した期間は短く、後期中葉以降（約3,500年前）は、超人的な身体形状を示す例は減っていきました。頭部が小さくなり、仮面が主になる一方で、その表情は仮面というよりは人に近づきました。

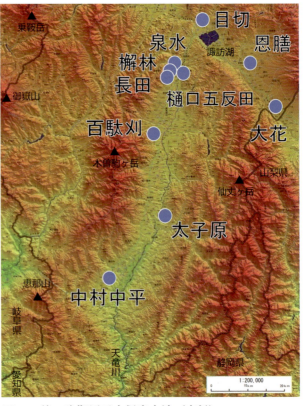

図22　後・晩期展示土偶出土地（南信）
（国土地理院　標高地形図に加筆）

ア　上伊那地区

179　**仮面土偶**
　　　縄文時代後期前葉　新町泉水遺跡
　　　　　　　　　　　　しんまちせんすい
　　　県宝　辰野美術館蔵
　　　撮影：藤瀬雄輔

「日本のへそ土偶　縄文の母ほっこり」と長い愛称があり、緩い表情をみせる。体形はまだ超人的な段階。

146

正面

側面

背面

撮影：藤瀬雄輔

180 丸顔の土偶
縄文時代後期前葉〜中葉
辰野町樋口五反田遺跡
辰野美術館蔵

後期中葉以降、頭部表現がなくなり、伸びた首に直接仮面がつくようになる。

181 仮面土偶
縄文時代後期前葉〜中葉
伊那市百駄刈遺跡
伊那市創造館蔵

大きな耳飾りがつき、仮面でありながら豊かな表情をみせる。

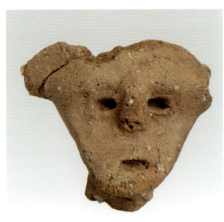

183 土偶頭部
縄文時代後期
中川村太子原遺跡
中川村教育委員会蔵

182 山形土偶
縄文時代後期〜晩期
箕輪町長田遺跡
箕輪町郷土博物館蔵

184 土偶
縄文時代後期〜晩期
辰野町 櫟(くぬぎ)林遺跡
辰野美術館蔵
櫟と書いてクヌギと読ませている。

イ 下伊那地区

185 山形土偶頭部
飯田市中村中平遺跡
縄文時代後期中葉〜後葉
飯田市上郷考古館蔵

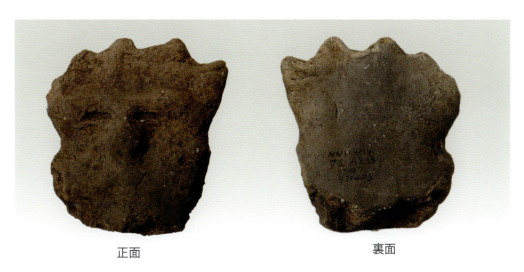

正面　　　　　　　　　裏面

186 土偶頭部
　　　飯田市中村中平遺跡　縄文時代後期中葉〜後葉　飯田市上郷考古館蔵
　　　仮面のように薄い作りながら、神より身近な人を想像させる表情をみせる。

第3章　中部高地の土偶　149

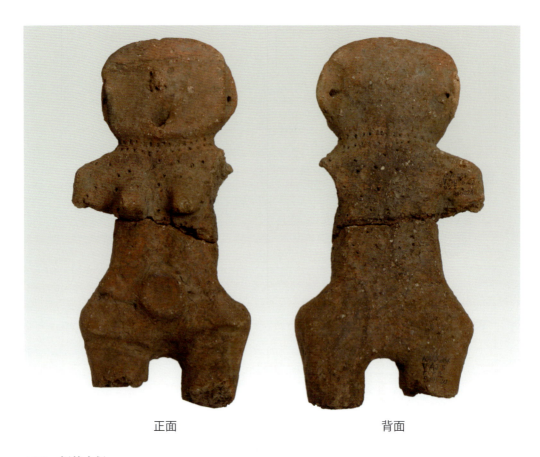

正面　　　　　　　　　　　背面

187　板状土偶
　　　飯田市中村中平遺跡　縄文時代後期中葉〜後葉　飯田市上郷考古館蔵
　　ネックレスとパンツのような表現ととび出したおへそ？が人間味を出している。

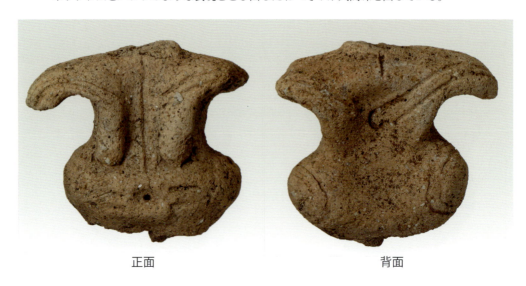

正面　　　　　　　　　　　背面

188　分銅形の体部
　　　飯田市中村中平遺跡　縄文時代晩期前葉〜中葉　飯田市上郷考古館蔵
　　分銅を思わせる腰の張った体つきと垂れ下がる乳房が特徴的。

正面　　　　　　　背面

189　土偶頭部
　　飯田市中村中平遺跡　縄文時代晩期前葉　飯田市上郷考古館蔵
　中空の頭部に仮面がつく。

正面　　　　　　　背面

190　板状土偶
　　飯田市中村中平遺跡　縄文時代晩期前葉〜中葉　飯田市上郷考古館蔵
　板状の体部、さらに後頭部にも土版に類似した装飾がみられる。

第3章　中部高地の土偶　151

191 **粗製の大形仮面土偶**
岡谷市目切遺跡　後期
市立岡谷美術考古館蔵
手足、体部に装飾がみられない。

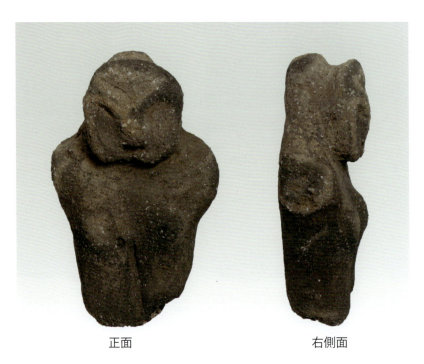

正面　　　　　　　　右側面

192 **板状土偶**
原村恩膳遺跡　縄文時代後期前葉　原村教育委員会蔵

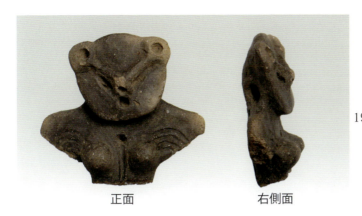

正面　　　　　右側面

193　**小型仮面土偶**
　　　富士見町大花遺跡
　　　縄文時代後期
　　　井戸尻考古館蔵
　　　手のひらサイズの小さな
　　　仮面土偶。

正面

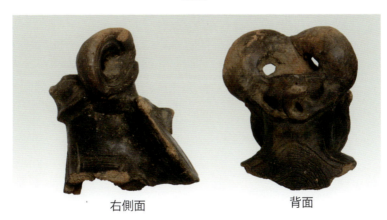

右側面　　　　　背面

194　**仮面土偶**
　　　富士見町大花遺跡　縄文時代後期　井戸尻考古館蔵
　　　大きく髪を結った表現がみられる。良質な粘土と高い技術で作ら
　　　れた精製品。

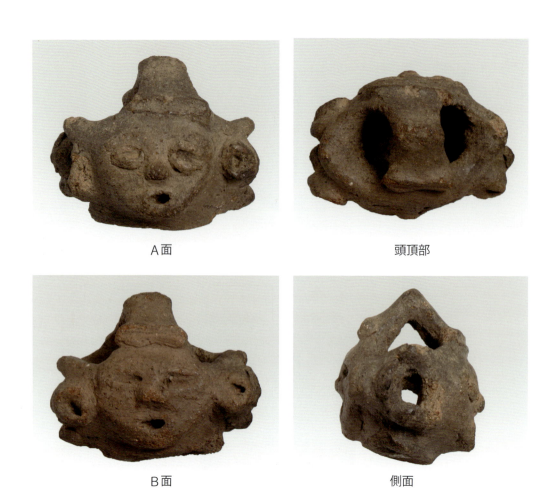

A面　　　　　　　　頭頂部

B面　　　　　　　　側面

195　**両面土偶**
　　富士見町大花遺跡　縄文時代後期　富士見町井戸尻考古館蔵
　　表情の異なる顔が表と裏に付く珍しい例。

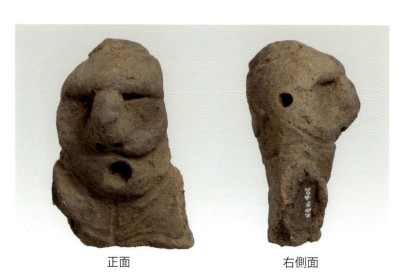

正面　　　　　　　　右側面

196　**土偶**
　　富士見町大花遺跡　縄文時代後期　井戸尻考古館蔵

(5) 板状土偶と中空土偶　～山梨県の後・晩期土偶～

　長野県側と同様、後期になると地区ごとに独自性の強い土偶を作る例は少なくなります。墓坑を伴う配石・列石などの祭祀施設がムラ中央部で発達し、これらに伴って出土する例が多くみられます。金生遺跡では簡単な作りの板状土偶（205）と精製された中空土偶（206）に共通する渦巻が描かれていました。

　作られた目的や出来栄えが違っても、同じ思考のもとにあったことがうかがえます。

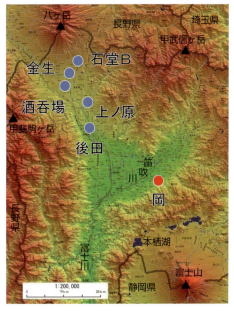

図23　後・晩期展示土偶出土地（山梨）
　　　●は弥生時代　（国土地理院　標高地形図に加筆）

第3章　中部高地の土偶　155

斜正面

背面

正面

左側面

197 仮面土偶（複製）
山梨県韮崎市 後田(うしろだ)遺跡　縄文時代後期前葉　韮崎市民俗資料館蔵

9「仮面の女神」、179 辰野の泉水とともに3姉妹と称される仮面土偶。
体部の文様から、179 → 197 → 9 の順に新しくなるとされている。

正面　側面　背面

198 **小形土偶**
　山梨県北杜市酒呑場遺跡　縄文時代後期前葉　北杜市考古資料館蔵

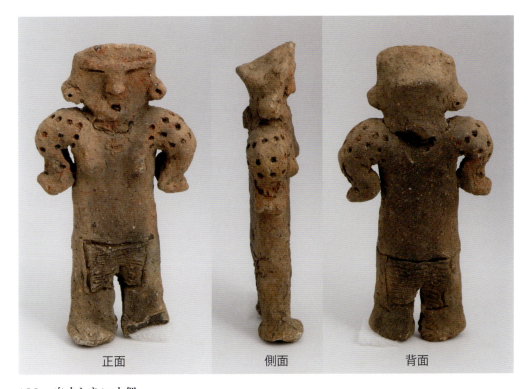

正面　側面　背面

199 **自立しない土偶**
　山梨県北杜市石堂B遺跡　縄文時代後期中葉　北杜市考古資料館蔵
　腕の仕草などに関東の山形土偶の影響がうかがえる。有脚であるが、自立しにくい例が増加する。

200 仮面土偶
山梨県北杜市上ノ原遺跡　縄文時代後期
北杜市考古資料館蔵

201

202

203

204

201〜204　金生遺跡の顔4相
山梨県北杜市金生遺跡　縄文時代後期中葉〜　重要文化財　北杜市考古資料館蔵
1点1点、さまざまな表情をみせている。

<コラム>

縄文土偶のおわり

　中部日本の地域では、縄文時代の終わり頃、中・後期に流行った自立形の土偶（ハート形土偶）が姿をひそめ、もっぱら板状の土偶（山形土偶）が幅を利かすようになる。かっては仮面さえつけ、「女神」を思わせた土偶の姿は消え、乳房表現に加えて臍（受胎？）、時にはパンツ（文身）をはいたような人間的（写実的）な表現が主流になる。もはや妊娠を思わせる土偶は目立たない。このような傾向は、土偶が女性をモデルにした偶像で、収穫や多産を願うもの、あるいは守護や傷病治癒を担うものといった縄文人の呪的信仰に何らかの変化のあったことを示している。これを立像土偶を使う土偶祭式から、伸身像（板状土偶）を用いる新土偶祭式への転化と理解する研究者もある（伊藤2000）。今回展示した縄文晩期の飯田市中村中平遺跡出土の板状土偶（p151-190）は、顔や手足を除くと、まるで土版のようにみえる。なんと松本市エリ穴遺跡例には、方形の土版そのものに、顔そして乳房や性器などの表現もあり、もはや土偶と土版の同化とさえ取れる。一方縄文後期の東海地域には、板状で乳房の人体表現をもつ分銅形土偶（別名「八王子タイプの土偶」）と呼ばれる偶像がある。最も重要な顔表現はまだないが、エリ穴遺跡には顔表現を加えた資料もまた存在する。縄文晩期の信州で、顔の付いた分銅形土偶が誕生したと、今のところ考えてもよさそうである。やがて乳房表現は消失し、顔のみを残した「分銅形土製品」が成立するのかもしれない。「人面付き土製品」の誕生である。通説でそれは弥生時代の西日本（瀬戸内地域を中心）に分布するとされるので、稲作定着後にも受容（許容）できる用途を担った土製品であったと考えられる。

　中部日本の縄文晩期に起こった呪的信仰の変化は、「人面付き土製品」の誕生とともに、縄文世界の土偶を変容させ、消失させた動きであったとみたい。豊川市麻生田大橋遺跡には、クルミのような頭部（頭巾を連想）をもった男女一対とみられる土偶がある。この在り方も新しい世界観の中で求められた呪的信仰のかたちを表現したものと考えたい。ところで、晩期終末（弥生前期）には、顔に無数のひっかき傷をつけたような土偶（有髯土偶）が登場する。まるで「なげきの土偶」である。有髯は入れ墨（鯨面）表現とされ、縄文中期の土偶にみる「ハの字文」と同様といわれる。しかし有髯の顔は、偶像よりもむしろ容器との関係が深い。人間的表現の最も重要な要素として人面を強調（人面付）する。これも新しい信仰のかたちの結実と理解したい。（町田勝則）

図24　エリ穴遺跡出土土版
（発掘調査報告書 p306 より）

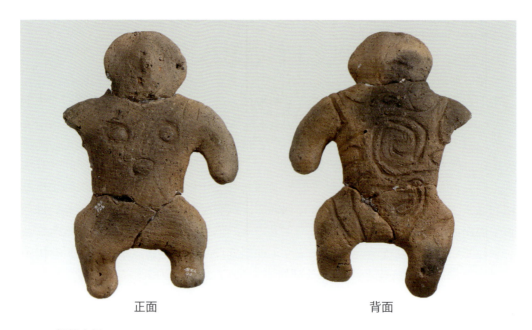

正面　　　　　　　　　背面

205　板状土偶
　　　山梨県北杜市金生遺跡　縄文時晩期中葉～後葉　重要文化財　北杜市考古資料館蔵
　　　脱力感、あるいは幼子のような体形を思わせる。背面の渦巻のみが206精製品との
　　　関係を示している。

206　中空土偶
　　　縄文時代晩期中葉～後葉
　　　北杜市金生遺跡
　　　重要文化財
　　　北杜市考古資料館蔵
　　　脚部と胴・胸部が一体
　　　化し、その上に頭部が
　　　乗る。土偶としては特
　　　異な形状を示す。

頭頂部

正面

背面

右側面

5 土偶文化の終焉
～弥生時代のヒトガタ製品～

　縄文時代後・晩期、配石や列石といったムラ中央の墓坑をともなう祭祀施設から、土偶が出土する例がみられました。ヒトガタが祖霊とつながる祭祀に用いられていた可能性があります。ところが、中部高地全域で晩期から弥生へ移行する時期の遺跡が減少する中で、大規模な祭祀施設も姿を消し、土偶製作も行われなくなっていきました。

　縄文文化が衰退する中で、ヒトガタ表現の意味も変質していきました。弥生時代の訪れと共に、子宝・子孫繁栄、豊穣などを祈るための道具から、亡くなった人の骨を納める道具へと変わったのです。

　中部高地では、西日本よりも遅く弥生時代中期（約2,500年前）になって弥生文化が広まりますが、この時期に人面付き土器や土偶形容器がみられます。入れ墨をする顔の表現などは、縄文時代を引き継いでいますが、骨を納める器に変質します。また、女性中心でなく、男女を現す例もでてきます。

　これにより、縄文時代に脈々と引き継がれてきた土偶文化、土偶祭祀が終わりを迎えます。

207 **土偶形容器**
塩尻市下境沢遺跡　弥生時代前期末～中期初頭
市指定文化財　塩尻市立平出博物館蔵
突出した腕はなく、器体に腕が表現されて鯨面だけが付けられている。

正面

208

背面

209

208・209 土偶形容器
　　山梨県笛吹市岡遺跡　弥生時代中期　山梨県指定文化財　山梨県立考古博物館蔵
　　文様や大きさの違いから、男女一対とされる。出土した土坑から焼
　　土や骨片が出土している

<コラム>

須田剋太筆「縄文」

　近年、「縄文」（時代や文化）に対する関心が高まっている。時代に閉塞感が漂う中、突き抜けた考え方や感性を探すには、これまで接触の少なかった場所や時代を覗いてみるのが第一歩である。「縄文」も多くの人にとっては、小学校の教科書などでわずかに触れただけで、視界の外だったと思われる。そのため学術面だけでなく、一般の人にとっても何かを発見できるフロンティアといえよう。

　20世紀の半ばまでは、「縄文」を野蛮な遅れた社会と捉えることが多かった。逆に、そこに野生の力を見出そうとした人がいた。あるいは、人の根源的な部分を探しあてようとする人がいた。その後、自然破壊が叫ばれる時代になると、自然と共生するユートピア社会として描かれることもあった。また、地域や時期によっては今以上に閉塞的なムラ社会だったかも知れないにもかかわらず、自由奔放な感性をイメージしたりした。

　証拠となる資料が限られており、学術的に解明が難しい「縄文」は謎が謎を呼ぶ世界である。ブームとなりつつある「縄文」に対して、先人たちは何を感じていたのであろうか。近年、さまざまな分野の先人たちが「縄文」とどう接していたのかを掘り起こす研究も進んできた。

　そこに加える一資料として当館館長が薦める須田剋太の書「縄文」を提示する。須田もまた、「縄文」に魅せられた人の一人である。今後の研究が待たれる。（寺内隆夫）

須田剋太（すだこくた　1906〜1990）

　洋画家。明治39年埼玉県に生まれる。戦前より光風会展、新文展で受賞を重ねる。昭和16年から関西に移住、戦後の昭和22年国画会に入り、抽象画へと移行する。後に、具象抽象にこだわらない独特の画風を確立した。また、道元の「正法眼蔵」に深く傾倒するなど、画業の根底に禅思想を置いたほか、縄文土器などの原始美術にも強い関心を示した。司馬遼太郎の「街道をゆく」（昭和46年〜平成2年、『週間朝日』連載）をはじめ独特の挿絵でも知られた。平成2年神戸市で没。

210 須田剋太《縄文》
平成元年（1989）　135.0×100.0cm　個人蔵　撮影：橘　正人

　作者の須田剋太は、戦後の早い時期より縄文土器や土偶に注目し、昭和25年には「原始と書」（『書の美』29号）、「続原始と書」（同誌31号）を発表、「仏教渡来前の縄紋土器」などの原始美術に「絵画の本当の真髄」と「美の根源を探し出し」たと記す。岡本太郎が有名な「四次元との対話　縄文土器論」（『みづゑ』558号）を発表する1年以上前のことである。この後須田は、原始美術の造形と独特の抽象性を自らの芸術の根底に置き、抽象絵画を志向していった。
　一方、書にも造詣が深い須田は、北魏の楷書や大燈国師、白隠らの作品を愛好し、とりわけ本作制作の前年には、顔真卿「東方朔画賛碑」の大振りで勇壮な書風に大きな感銘を受けている。そんな画家の書く「縄文」の二文字は、土偶展（後期展）の会場で、世界に誇る中部高地の土偶文化の象徴としての役割を果たしている。

第 4 章

国宝土偶を語る

　本章では、土偶研究に深い造詣をお持ちの上、国宝土偶とも密接な立場にあるお二人から、国宝土偶の魅力と、発掘調査から現在に至る道のりを語っていただきました。

縄文土偶の楽しみ方

原田 昌幸

1. 土偶の起源と楽しみ方

　1万年以上の永きに亘って続いた縄文時代。土偶は、その主人公である縄文人達が彼らの信仰・儀式のために作った呪的遺物の代表格である。

　その初源は、旧石器時代の石偶にあるとする学説もあり、起源論は未だ霧の中にある。しかし、土偶は考古学研究の素材としての意義を越えて、最近ではその造形・デザインの奇抜さから、わが国における美の起源を語る上でも欠かせない存在となっている。

　土偶の実数は平成4（1992）年の段階で、10,683点（八重樫1992）。それから27年、現在では沖縄県以外の全都道府県から出土していて、その総数は1万8000点以上と推計される。これは、発掘調査や不時発見の個体を含む、私たちが実際に観察する事のできる、現存する土偶の実数である。

　これ以外に、まだ土中に埋蔵された土偶が果たして何点あるのか、この問いに答えられる確証は誰も持ち得ないが、國學院大学の小林達雄名誉教授は、まだ土中に埋まっている資料を含めて、縄文世界を通じてざっと30万点以上もの土偶が作られたのではないかと推定された。

　では、このような土偶をどのように楽しむか。本稿では今回の展覧会で一堂に会する国宝の土偶を中心に、その鑑賞上の着眼点と私が考える縄文世界の土偶観をご紹介させて頂きたい。

2. 生命力の源「縄文のトルソー」像

　縄文時代の開始期から間もない縄文時代草創期半ばに発生した土偶は、早期になると近畿地方、関東地方でいち早く文化要素として定着して、早くもその造形にある一定の規則性を見せる。土偶型式の成立である（原田1997）。この時期の土偶は、未だ四肢・顔面の表現もなく、専らその造形は、豊満なトルソーに終始する。トルソー（torso）とは、イタリア語で人間の頭部と四肢を欠く体幹を

相谷熊原遺跡出土土偶

指す言葉で、しばしば美術界では豊満な女性像の造形を指す事が多い。曲線的なプロポーションを持つ胴体を作り、そこに両乳房を粘土粒の貼り付けで表現した初期土偶の造形は、まさにその後の縄文世界を生き抜いた土偶造形の基本として注目される。

　この素朴にして本質を突くトルソーのデザインは、続く縄文時代前期まで、土偶の造形を規定する唯一にして絶対の要素として受け継がれたが、いまだその出土数は少なく、縄文世界の土偶全体の僅か数％にも満たない。

3. 立ち上がる土偶…縄文のビーナス

　縄文時代中期　高27.0cm　国宝　長野県茅野市棚畑遺跡出土

　その素朴な造形に終始した土偶が、急速な変化の時期を迎えたのが、縄文時代中期初頭である。板状のトルソーに先ずは立体的な頭が付され、そこにいよいよ顔面の表現が始まる。眼鼻口の付与は、土偶と言う素焼きのひとがたに、人格という生命を吹き込む仕業ではなかろうか。顔面を獲得した土偶は、まもなく四肢・胴体の立体化も果たし、今までの板状の造形から自ら立ち上がる事が出来る「立像土偶」へと変化する（原田1995）。加えてこの時期は、中部高地を中心に北陸～関東地方西部の範囲に多数の個体が分布していて、縄文時代最初の土偶の盛行期として捉える事ができる。

　その中でも本品は"縄文のビーナス"の愛称で親しまれている優品（鵜飼他1990）。立体的に作られた頭部、両腕を兼ねて左右に張り出した胸部、強く括れたウエストが印象的な胴部、後方に大きく張り出した逆ハート形の臀部が各々別の粘土塊で作られて、これに円筒形で短い左右の脚を接合して全身を完成させている（小野1984）。片脚がほんの少し短いのは、この特別な制作法"分割塊製作法"によるものだが、作者は極めて大らか、全く気にしていなか

「縄文のビーナス」

ったらしい。外面は光沢が出るほど磨かれて、随所に雲母片が金色に光り、とりわけ精選された粘土で作られている。雲母は、もともと透明（白雲母）か黒色（黒雲母）の鉱物である。縄文人たちは、この雲母が混和された粘土で土偶を作ると、焼成時の熱によってそれが酸化して金色に変化する事を、熟知していたのである。

　ちなみに、雲母片がとりわけ多く含まれた粘土を使った土偶は、当時の土器づくりの技術が応用されたものと考えられるが、雲母片が多く混和された土器が作られたのは縄文時代中期初頭から前半の一時期のみ。詳しく見ていくと、五領ケ台式土器に始まってこの土偶が作られた時期の狢沢式土器にも散見されるがまだその割合は多くなく、次の阿玉台式土器で盛行の極致を迎える。主に中部高地から関東地方にかけて広まった縄文土器づくりの装飾技法であった。

　またもう一つの見どころは、頭部の造形。この部分には半乾きになった粘土を削り込んで彫刻的な技法が使われていて、ハート形の顔と頭髪の輪郭は切り取られたようにシャープ。そこに切れ長な眼、小さな鼻、そして円形の口が描かれて表現されるのは喜びの表情である。そして頭部上面は平らで渦巻文で飾られ、後頭部には小さなボタン状の突起の脇に「WO」と読めるようなごく細い線で描かれた符号状の線描もある。まさか作者のサインではあるまいが、この部分だけ他の文様表現と異なっている事も興味深い。

　時期的には、次に紹介する西ノ前遺跡出土の"縄文の女神"に若干先行するものであるが、集落内に築かれた浅い楕円形の土坑から、側面を斜め上に向けて埋められたような状態で出土した。出土した当初は、片脚が分離していたが、それが故意なのか、あるいは土圧による偶然なのかは判然とはしない。しかし、故意に壊されることが通例のこの時期の土偶たちの中で、特別に丁寧に扱われて全身が遺された事は八ヶ岳山麓の奇跡、と言っても過言ではなかろう。

4. 現代の芸術家も驚く…「縄文の女神」

　縄文時代中期　高 45.0㎝　国宝　山形県舟形町西ノ前遺跡

　立像土偶で現存最大高を誇る優品。逆三角形で板状の胴部に、半円形で扁平の頭部が付き、堂々とした角柱状の両脚は私たちに強烈な印象を与える（黒坂1995）。

　これに対して頭部は半円形で薄手に作られ、顔面はやや凹むが、何故か無文。眼・鼻・口は表現されていない。顔面の周囲には、頭髪を表現したような帯が巡り、その周囲に小円孔が4個穿たれる。この孔に顔面を描いた仮面等を取付けたり、あるいは鳥の羽根などを挿して飾りとしたのではなかろうか、と言う意見

もある。しかし孔の周囲を細かく観察しても、擦れた痕跡はなく、何かを差し込んだと言う確証はない。

そしてこの土偶の存在感をひときわ増すのが角柱状の両脚。脚先に向かってパンタロンを穿いたように末広がりとなり、その底面には、粘土をざっくりと抉り取った凹孔が穿たれている。これは焼成の時に部厚い脚の内部が生焼けになるのを防ぐための工夫。この土偶の作者は、確実に粘土を焼き上げるための知識と技能を持った"職人"であった事に驚かされる。

この土偶は"縄文の女神"と愛称され、"八等身美人"の名もあるが、そのデザインの斬新さは現

「縄文の女神」

代の美術作品と比べても何ら遜色がない。過年、大英博物館で開催された『THE POWER OF DOGU』展では、多くのイギリス人達がデザインの素材としてスケッチしていた事を思い出す（大英博物館 2009）。

同じ造形表現を持つ土偶は、山形県から宮城県にかけての限られた地域から出土し、これらは「西ノ前土偶型式」と呼ばれていて、その分布圏が極めて明確な土偶型式である。

5. "俳優（わざをぎ）"の象徴…仮面土偶

縄文時代後期　高 34.0㎝　国宝　長野県茅野市中ッ原（なかっぱら）遺跡出土

縄文時代後期後半の集団墓地の一角から、専用の小さな埋納土坑（どこう）に、横に臥（ね）かせて側面を上に向けた状態で出土した（守矢 2003）。縄文世界における殆どの土偶が、不時発見か遺物包含層などからの偶発的な出土状態を示すのに対し、本例は縄文人の土偶に対する扱いを、具さに観察できる事例としてきわめて貴重。

造形は、まず重量感に溢れた堂々たる腹部表現に圧倒される。胴体は頭部から

両脚に繋がる中空構造でつくられ、下腹部が大きく膨らみ、その上に半球形で中空の頭部が乗っている。その前面に、突き出した板のような形に顔面が取り付く。まさに仮面を被ったような構造。後頭部には仮面を支えるバンド状の表現も見られ、これが仮面の女神と呼ばれるゆえんである。

また胴部・両脚は非常に薄く中空に作られていて、全体に"ひとがた"を超越した造形に纏めている。しかし臍や臀部、性別の表徴は具象的で、胴体の正中線の存在とも相まって、この土偶が女性像であることを主張している。

「仮面の女神」

仮面を被る事の意義は、人がそれを被る事によって、日常"褻"の世界から、特別な"晴れ"の世界に超越・没入する事を意味する、多分に精神文化的な行為である。そこには、"神"を演じる俳優の姿の具現化が読み取れる。土偶を人ではなく、縄文世界における"神"と認識した時、そこに宿る（と信じられた）力は、縄文人たちに絶大な安心感を与えてくれたのではなかろうか。

本例は、後期前半に南東北から北関東の地に盛行した「ハート形土偶型式」を母体とする大形の土偶で、それが中部高地に伝播して変化・完成したもの。土偶造形の到達点に位置づけられる優品である。

6. 北の縄文エース…中空土偶

縄文時代後期　高 41.5cm　国宝　北海道函館市著保内野遺跡出土

きわめて大形の立像・中空土偶で、縄文時代後期後半の所産（小笠原1976）。耕作中の不時発見ではあるが、後の発掘調査で浅い楕円形の土坑に寝かせた状態で埋められていたことが判明した（函館市教育委員会2007）。頭部の突起と胸と背面の一部を欠損するが、ほぼ全身が完存するのは奇跡的である。

頭部から両脚先に至るまで全身が中空につくられ、特に胴部付近は2mmほどの

薄さに仕上げられていて、その高度な輪積み技法には驚かされる。

　頭部は球形で、顔面には細い粘土紐の貼り付けで両眉から鼻・両眼・口が表現されていて、心持ち左に傾いたいがぐり頭が愛らしい。顎には髯を表現したように、細かな円形の刺突文が多数施され、内部に黒漆の付着が観察される刺突孔もある。胴体はスリムで光沢が出るほどに磨かれ、お腹の部分には正中線(せいちゅう)が、また腰から両脚にかけて浅い凹線で幾何学的な文様が描かれる。股間にあるS字状の装飾文様は、何やら意味あり気。出土地の地名にちなんで、「カックウ」の愛称で親しまれている。

「中空土偶茅空」

　北海道初の国宝であり、函館の観光大使として動画で空を飛んだり、現代社会での盛んな活動も、北の縄文エースと讃えるに相応しい。

　この土偶と同型式の資料は、津軽海峡を隔てた青森県、更には遥かに離れた関東地方でも東京都田端東(たばたひがし)遺跡から弟分のような土偶の頭部(愛称は出土地の町田市にちなみ、まっくう)が出土していて、その広大な土偶型式圏には目を見はる（町田市教育委員会2010）。

「まっくう」

7. 祈り続けて3千年…合掌土偶

縄文時代後期　高 19.8㎝　国宝 青森県八戸市風張(かざはり)1遺跡出土

　膝を立てて座り、胸の前で両手を合わせる姿から「合掌土偶」と呼ばれる土偶である。このように、何らかのしぐさを示す土偶は「ポーズ土偶」と総称されるが、縄文時代中期のそれが、もっぱら出産や育児を表す情景を描き、中部高地周辺の遺跡から出土することが多いのに対して、後期のポーズ土偶は屈折像土偶とも呼ばれて、腰を折り曲げたり立膝で座る姿勢をとるものが、東北地方で複数例出土している（磯前1994）。本例は後者の代表的な土偶である。

　風張1遺跡は、青森県八戸市を流れる新井田川(にいだがわ)下流の河岸段丘上に立地した、縄文時代後期後半の大規模な集落遺跡である（村木2008）。

　土偶は、第15号竪穴住居跡の奥壁ぎわから腰から上の上半身・左脚・右脚上半・右脚下半の4片に割れた状態で出土した。その時に注目されたのが、土偶の割れ口の断面に、黒茶色のアスファルトがべったりと付着していた事である。これは、一旦割れた・あるいは割られた土偶の破片を、再度接合して完形に復そうとした行為。一般に、土偶はそれがつくられ、祭祀等で使用された折に、故意に壊されてそれをばらばらの破片の状態にして大地に送る・あるいは撒く等の行為の対象にされたという説がある。本例はこのような土偶き損行為の後に、改めて各破片を接合し、その「甦(よみがえ)り」＝土偶の「再生」を意図した事例として大変興味深い。

　顔面の形状は薄く扁平で、眉から鼻・目・口は、粘土を貼り付けてつくられている。胴体もまた扁平で、胸には乳房が、また正中(せいちゅう)線が描かれて股間には性器の表現もある。加えて文様の凹部や縄文の一部には赤色顔料が残されていて、本来はほぼ全身が真っ赤に塗られていた可能性もある。

　このように表現力に富む土偶

「合掌土偶」

であるが、果たして、その造形の目的は何だったのであろうか。一説には、縄文世界における祈りの姿の体現とも、また一説には当時のお産＝座産の風習の中で、陣痛を和らげるための祈りをその姿勢で表したのではないか、とも言われる。私はいま性急に、その答えを出す必要性はないと思うし、多分出せないであろう。

　土偶が持つ縄文時代の人々のメッセージを、現在に生きる私たちが、どのように受け取るべきなのか、風張１遺跡出土の合掌土偶は、私たちの感性を試しているのかも知れない。

8. 縄文土偶の評価…考古資料から美術作品へ

　ここまで、現在までに国宝に指定された土偶５点を見ながら、その学術的な着眼点、造形のポイント、デザインとしての面白さを私なりに概観してみた。

　縄文世界の土偶は、私たち考古学を学ぶ者にとっては貴重な学術資料である。そこで着目されるのは、土偶そのものの構造、顔面・四肢表現、そして土偶を飾る文様の系譜など、これらは考古学の最も基本的な型式学的研究の中に、対象となる土偶を当て嵌めて、縄文時代の遺物学の側面から土偶の性格を解明しようと言う、学術的な手法である（原田2005）。勿論、これは不可欠かつ重要な研究視点である。

　その一方で近年、土偶をテーマにした沢山の展覧会が開かれ、次第に注目されつつあるのは、土偶の造形を現代人のデザイン、美意識から見つめ直し、先史時代の人々の作品群として土偶を評価しよう、とする流れである（文化庁・東京国立博物館2009）。ひと昔前ならば、学術資料をそのような感性で語るのはとんでもない、とタブー視される感覚が強く、土偶＝美術作品である、などと主張しようものならいろいろな批判に晒されたものであった。実際、土偶を初めて美術工芸品として国宝に提案しようとした時には、当時活躍中の第一線の研究者の方から「土偶を国宝にするなんて、大丈夫？」と言われて愕然とした経験もある。

　しかし、土偶を学術資料としてのみ評価する事は今や片手落ち、だと私は思う。「もっと我が国の原始美術を語る文化財として、堂々と一つの作品としても評価すべきである」と、当時ご指導頂いていた先生方から力強いお言葉を頂いた事は、今でも嬉しい思い出になっている。

　それから25年、土偶に限らず、土器や装身具まで、多彩な縄文時代の遺物が学術資料としての狭い枠組みを超えて、広く日本美術の創世期を語る作品として多くの人々に受け入れられるようになった事は本当に嬉しい（原田2015、東京

国立博物館 2018)。

　考古資料は考古学研究者のみの独占物ではない（原田 2018）。この多彩な価値観を支持して、私はこれからも縄文時代の様々な遺物が日本の歴史を語る作品として活躍し続ける事をずっと応援し続けたいと思っている。

（2019 年 7 月 23 日）

　（引用参考文献）
磯前順一 1994『土偶と仮面・縄文社会の宗教構造』校倉書房（東京）
飼幸雄他 1990『棚畑』茅野市教育委員会（長野）
小笠原忠久 1976「北海道著保内野出土の中空土偶」『考古学雑誌』61-4
　　　　　　日本考古学会（東京）
小野正文 1984「土偶の分割塊製作法資料研究（I）」『丘陵』11
　　　　　　甲斐丘陵考古学研究会（山梨）
黒坂雅人 1995『西ノ前遺跡発掘調査報告書』山形県埋蔵文化財センター（山形）
大英博物館 2009『THE POWER OF DOGU』大英博物館出版局（英国）
東京国立博物館 2018『縄文 - 一万年の美の鼓動』（東京）
函館市教育委員会 2007『著保内野遺跡 - 平成 18 年度国庫補助事業による市内遺跡発掘調査
　　　　　　報告書』（北海道）
原田昌幸 1995『土偶　日本の美術』345　至文堂（東京）
原田昌幸 1997「発生・出現期の土偶総論」『土偶研究の地平』勉誠社（東京）
原田昌幸 2005「縄文世界の土偶造形とその展開」『日本の考古学』上　（学生社）
原田昌幸編 2015「日本美術創世記」『日本美術全集』1　小学館（東京）
原田昌幸編 2018「土偶と土面」『國華』1469　國華社（東京）
文化庁・東京国立博物館 2009『国宝・土偶展』
町田市教育委員会 2010『田端東遺跡』町田都市計画道路 2-1-5 号線用地内遺跡調査会（東京）
村木　淳 2008『風張（1）遺跡』IV　八戸市教育委員会（青森）
守矢昌文 2003『中ツ原遺跡』茅野市教育委員会（長野）
八重樫純樹編 1992『土偶とその情報　国立歴史民俗博物館研究報告』37（千葉）

国宝土偶を掘る

守矢　昌文

はじめに

　現在、国宝に指定されている縄文時代の遺物は6件、新潟県十日町市笹山遺跡出土火焔型土器を除くと5件すべてが土偶である。この5件の土偶の内2件が茅野市霧ケ峰南麓の棚畑遺跡・八ヶ岳西麓の中ッ原遺跡から出土したことに、この地域が持っていた深い意味合いを感じることができる。また、縄文時代全国で約2万点以上発見されている土偶の中で、発見状況の記録が克明に残されている土偶も稀で、この2点の土偶の出土に立ち会えたことは、まさに偶然の賜物だと言える。

昭和60年代からの開発事業と発掘調査

　昭和60年代以降大規模な開発事業に伴い、以前では考えられないような、縄文時代集落の全容が発掘される大規模な調査が目白押しで連日、「最古・最大・珍しい」などと形容された発見記事が新聞紙上等を賑わしていたが、実際開発の先兵として発掘期間等に追われている発掘担当者としては、大過なく記録保存調査を終了することが第一義であり、むしろ新聞紙上等を賑わす発見は、開発事業や発掘調査の進行の妨げだというような雰囲気もあった。

昭和61年棚畑遺跡の発掘

　大規模な発掘調査のスタートは、霧ケ峰南麓のテーブル状台地に位置する棚畑遺跡全域の工場団地造成で、昭和61（1986）年4月から記録保存を前提とした発掘調査が実施された。霧ケ峰南麓は市域において大規模な縄文遺跡が点在する地域として古くから著名で、棚畑遺跡もそうした遺跡の一つであった。4月から開始

8月航空測量時の棚畑遺跡南側調査区

された調査は順調に進行し、南側調査区では台地縁辺に構築された竪穴住居址、それに囲まれた中央範囲に土坑群と、縄文時代中期集落の典型的な姿が現れ、併せて縄文時代後期の大規模な集石も発見され注目を浴びていた。大規模な集落跡であったため、遺構図化作業の短縮と省力化のため航空測量が導入され、調査は順調に進み8月末には集石下と遺跡北側調査区を残すのみとなっていた。

大形土偶の発見

　南側調査区では住居址群に囲まれた夥しい土坑が重複して発見され、土坑内には小形土器やヒスイ製等の垂飾・石匙が出土するものもあった。これらの土坑の調査は7月末で終了し、8月12日に実施された航空測量をもってほぼ南側調査区での調査を終了し、9月から北側調査区と集石下の調査へと移行するため、集石の取り上げを始めた9月8日、午後4時頃小休止をしていた足元に渦巻文・三叉文を持つ土器片のようなものが目に留まった。「何だろう、小形土器でも埋まっているのかな」と一緒に集石の取り上げを行っていた調査補助員さんと掘り上げようとするが、あいにく竹べらがないので、北側調査区へ取りに行きながら、調査指導をしていた調査団副団長へ発見を伝え、3人で遺物を囲み探るように周辺を掘り拡げると土製品がある。土偶かもしれないと全体像を把握しようとするが、どんどん大きくなり、見たこともないような大きさの土偶が横たわっているが、右脚が脆弱な状況で秋の夕陽も落ち始める中、今日中に全容を見ることがむずかしいと判断、盗難を避けるために土偶の周囲を埋め戻し3人で他に口外しないこととして、何もなかったように作業を終了した。翌日、複数の報道関係者が他の取材目的と称し詰めかけたため、何としても9月9日一日で土偶を掘り上げなければと土坑の精査に入った。大形土偶出土土坑ということで、きりの良い第500号の番号を付けたが、この土坑は他と比較すると、覆土の色調が地山と識別しづらく、また、その平面プランも不整形で、一見木の根のかく乱状況に類似し、遺物出土がなければ普通シミ状のかく乱として取り扱われてもおかしくないような掘り方であった。盗難の問題あり今日中に土層断面図作

「縄文のビーナス」の発掘

成と観察、平面図・断面図の作成、出土状態の写真撮影に加え、取材対応に追われた。特に写真撮影では影を作らない自然光のちょうどいい正午頃までと時間が決められての作業が続いた。作業は正午までに終わり中版カメラで数十カットの写真撮影を行ったが、納得のいく写真は一枚だけであった。その後の掘り上げの様子について記憶には残ってはいない。ただ、脆弱であった右脚部附近に、表面から溶け落ちた雲母を多量に含む胎土が散らばっていたのが印象的だった。

「縄文のビーナス」の復原とその後

　「縄文のビーナス」の愛称は誰が命名したか。良く聞かれる質問である。昭和62（1987）年2月付の新聞で調査団長の宮坂光昭氏、戸沢充則氏が棚畑遺跡と大形土偶の意義について書いた記事には、「棚畑姫」の名称が用いられているが、4月8日付考古館日誌には「縄文のビーナス」単体ケース設置との記載があることから、この頃には「縄文のビーナス」の名称が定着したものと思われる。定かではないが、大形土偶に表現される豊満な臀部表現は豊穣の女神であるビーナスの連想から、自然発生的に「縄文のビーナス」の愛称になったと思われる。後に「縄文のビーナス」の愛称が定着することと、愛称の独占化を防ぐことを目的に商標登録を行った。その後他地域でも土偶に愛称を命名することが流行った。名は体を表すではないが、愛称命名はより土偶を身近に感じる手立てとなり、その後の土偶のキャラ化に拍車をかける要因ともなった。

　棚畑遺跡の発掘調査が終了後の11月20日から冬期間かけて整理作業は行われ、「縄文のビーナス」の復原は長年尖石考古館で土器復元に携わっていた宮坂篤夫氏が手掛けた。復元に際し問題となった点は、破損していた鼻の高さをどれくらいにするか試行錯誤された。また、報告書作成に際して「縄文のビーナス」の実測をどのようにしたらよいかも課題となり、当時定着しつつあった写真実測を用いることにしたが、立体的表現がむずかしい腹部、腿部表現には苦慮し、仏像の写真実測の事例等を参考に全身を等高線測量の要領で図化した。更に、「縄文のビーナス」の製作方法を探るため、当時山梨県釈迦堂遺跡群の土偶製作方法を探る手だとして利活用され始めていた、レントゲン撮影を諏訪中央病院のご厚意により実施したが、単にCR（コンピュータ処理X線写真）だけではなくCT（断層写真）も併せて撮影することで、立体造形の製作手順を復元する際に有効な所見を得ることができ、壊すことを前提とした分割塊製作法とは異なった、「壊れずらい作り方」骨格組立成形法による壊されない土偶が提唱され、土偶＝壊されるものといった考えに一石を投じた。

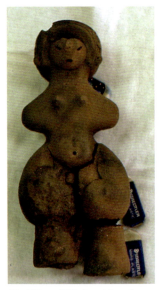 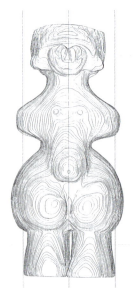

復元前の「縄文のビーナス」と等高線の実測図

　土偶単体の出土であった点、また、中部地域における縄文時代中期土偶の研究も緒に着いたばかりで、「縄文のビーナス」の帰属時期について不明な点が多かった。冠帽状表現に施文される三叉文と妊娠土偶の型式から調査報告書では縄文時代中期井戸尻式期としたが、その後中部高地での広域の土偶集成の中で、他遺跡の事例との比較検討で貉沢式期古段階に遡り位置づけられた。

　本文約700ページに及ぶ発掘報告書『棚畑』が刊行されたのは平成2（1990）年12月であった。この報告書刊行前の平成元（1989）年6月12日付で「縄文のビーナス」は重要文化財に指定された。発見された当初から指定文化財の呼び声は高かったが、発見から2年9ヶ月での重要文化財指定は早いものと言える。文化財指定後、写真掲載や平成2年ニューヨークでの展覧会など、日が経つにつれ「縄文のビーナス」の名声は高まり、重要文化財指定後6年を経過した平成7（1995）年6月15日付で縄文時代遺物として最初の国宝に指定された。「縄文のビーナス」を中心に八ヶ岳山麓縄文文化の質の高さが注目を浴び、「縄文の里」と総称されるようになり、平成12（2000）年7月には国宝収蔵と縄文文化発信を目的に、尖石縄文考古館としてリニューアルオープンしたのも「縄文のビーナス」効果といっても過言ではなかった。

平成12年の中ッ原遺跡の発掘

　中ッ原遺跡も昭和4（1929）年伏見宮が発掘に訪れている八ヶ岳西麓で著名な大規模縄文遺跡で、できることならば後世に残したい遺跡であった。しかし、

ほ場整備事業の波はこの遺跡にも及び、平成4（1992）年度遺跡の東側半分が発掘調査され環状集落の東側部分の状況が判明した。その後平成11（1999）年度以降遺跡西側もほ場整備が行われ、結局中ッ原遺跡全域が記録保存による発掘調査の手が入ることになってしまった。縄文時代中期の大規模な拠点集落であることは事前に予測はしていたが、縄文時代後期の集落がこれに重なることは予想外であった。

仮面土偶の発見とその後

　平成12（2000）年7月尖石縄文考古館のリニューアルオープンと、西暦2000年を記念して「茅野市5000年尖石縄文まつり」が尖石遺跡を中心に開催された。文化財課職員は約半月担当遺跡の発掘調査を中断したまま、まつりの裏方として駆り出され、発掘調査は遅れ気味となり、その遅れを如何に取り戻すかが課題となっていた。発掘調査日程が遅れ気味のお盆明け、住居址群の調査が一段落ついたので、新たに住居址群に取り囲まれた集落中央部の土坑群の調査へと展開していた。平面プラン確認では長楕円形のロームブロックを含有する、一目で埋め戻された土坑が群在し、その一つからは縄文時代後期の浅鉢が伏せられた状態で発見され、縄文時代後期の墓とわかり、作業員さんたちも副葬品に期待し調査をしていた。

　8月23日午後2時過ぎ「黒くて尖ったものが出た」と作業員さんが知らせに来た。その日は西側土坑との重複部分から掘り始めたところ、移植ごてが三角形に尖った黒いものにあたり欠けたので報告に来たようである。昨日の浅鉢の件もあるので、浅鉢だろうとおっ取り刀で駆けつけると、逆三角形の仮面をかけた土偶がまるで片足を小形土器に突っ込んでいるような状況が目に飛び込んできた。この土偶の状態を見て即座に辰野町新町泉水遺跡の縄文時代後期仮面土偶と同じものだと感じ、併せて土坑埋設の土偶ということで、棚畑遺跡でのことが脳裏を横切り「これから大変になるだろうなあ」と場違いな感想が湧いた。よく発見時の感動コメントを求

発見時の「仮面の女神」

めて取材されることがあるが、担当者とすれば「えらいものが出てきてしまったな」というのが本音である。発見後は棚畑遺跡での経験を活かし、作業員さんたちへのかん口令と現場の保全措置を行った上でその日の作業を切り上げ、上司に「小形土器に片足を入れた仮面土偶が土坑から出土した」と報告している。翌日現場を訪れた関係者は土偶の出土状況を見て驚くとともに、今後の調査方法、調査日程への影響、盗難への心配等「どうしたらよいか」が議論された。取りあえず盗難防止のため遺跡内農道に車を駐車させ、職員が寝ずの番を三晩行ったが、昼夜の勤務となるため後日警備員により現場の警備が行われた。後日地元民から聞くと、現場に物々しい警備が敷かれていたことから「中ッ原からすごいお宝が出たようだ」との風聞は当時すでに広がっていたようである。

　8月25日、調査や公開方法について、尖石縄文考古館戸沢充則名誉館長に現地指導をお願いし、翌日には今後の報道発表、現地での公開、取り上げの日の調査スケジュールが決められた。28日正午仮面土偶発見の報道会見を行った後、急いで現場に立ち戻ると現場には中央紙の記者が待機していたのには驚いた。取材ヘリコプターが飛来するなど取材が加熱し、夕刊・翌日の朝刊の1面に大形仮面土偶出土の記事が掲載され、すでに国宝級の呼び声が上っていた。併せて現地見学会開催日時も発表され、当時考古学ブームであったこともあり、全国各地から見学会の詳細や交通案内の問い合わせが市役所に溢れ、その対応に追われたようである。30日公開時間前から見学者が農道に長蛇の列を作り始めたため、急遽公開時間を早め、昼食抜きで20人のグループごとに2分の解説を200回以上繰り返した。多めにと4,000枚用意した説明資料がなくなったことを考えると、4,000人以上の見学者が訪れたことになり、当日の駐車場案内・整理に携わった職員には大変御苦労いただいた。見学会が終了した午後4時過ぎ、ちょうど他の文化財調査に来訪していた文化庁記念物課原田昌幸調査官が現場を訪れた。後日「私もたまたま当日の夕方、遺跡を見学する機会に恵まれたが、眼前に広がるまさに想像を超えた土偶の出土状態と、あまりにもみごとな土偶の造形に、深い感動を覚えたことを昨日のことのように思い出す。」(文1)とその時の感動を述べている。

　31日の土偶の取り上げは、マスコミ・戸沢名誉館長・樋口昇一県文化財審議委員等に囲まれての調査となり、一挙手一投足が注目を浴びる中での調査は過度の緊張を強いたものとなった。調査と合わせて小型ビデオ撮影が行われ、それにはボヤキながら調査をする様子が残されている。取り上げ当日、マスコミ・調査関係者は土坑周辺で作業状況を見ることができたが、直接現場が見えなくても周辺の農道付近には大勢の人が詰めかけ作業を見守っていた。この人たちにもわか

戸沢名誉館長との「仮面の女神」の取り上げ

るように実況したらとの戸沢名誉館長の提案で、埋設状況の略図を示しながらの説明、また、取り上げの瞬間鵜飼文化財係長の「今上がりました。」との実況説明が行われ、最終的に午後4時40分全体が取り上げられ、その瞬間周囲から拍手が沸き起こった。一つ残念だったのは割れていないと思われていた右手が、折れてしまったその時の残念な場面が映像に残されたことで、それを見た者から今でもお前が壊したと言われることがある。

「縄文のビーナス」と「仮面の女神」

　両者の土偶の発見と調査に様々な違いがあることに気付く。例えば仮面土偶は取り上げ、文化財修復業者による修理復元等の状況が段階的に公開され、また、愛称も公募により「仮面の女神」と名付けられるなど、文化財の公開やその取扱いについて変化し、昭和61（1986）年から平成12（2000）年までの14年間に考古学に対する社会の理解・認知度が深まったことがわかる。

　「仮面の女神」が出土した後の対応は、「縄文のビーナス」発見の経験があったからこそできたことで、「仮面の女神」出土遺構が中ッ原縄文公園として保存・公開施設となったのも「縄文のビーナス」の教訓を活かせたからである。

　2体の国宝土偶の発見は単に「すごい」だけではなく、大きな宿題が投げかけられたようなもので、大形土偶がなぜ作られ、そして土坑に埋置されたのか、そしてなぜ棚畑遺跡・中ッ原遺跡で出土したのか、また、3体目の大形土偶の出土する可能性は、いずれの問題について決定的な回答を見いだせずにいるが、2体の大形土偶の発見は、その後の土偶研究を大きく深化させる原動力となったことだけはまちがいない。

（引用参考文献）

文献1　原田昌幸 2010.4「縄文土偶の復活」『日本の美術第527号土偶とその周辺Ⅱ（縄文後期〜晩期）』(株)至文堂

付 章

原始・古代のヒトガタ
~当館収蔵資料より~

　開館の25年間と準備期間中に蒐集された考古資料は、主に高速道路・新幹線等の県内複数市町村にまたがる大規模公共事業に伴って実施された発掘調査の出土品です。これに、県の歴史を知るうえで欠かせない資料を補完するため製作された複製品、あるいは寄贈品が加わります。
　今回、これらの収蔵資料の中から、「土偶展」に合わせた資料をご紹介します。

写真41　千曲市屋代遺跡群の調査（ⅩⅡ-2層：地下4m）
　　　　大規模開発に伴う調査で、地下4mで中期後葉のムラ、5mで中葉、5.5mで中期前葉（初頭）のムラが見つかり、各時代の土偶も出土した。

1 縄文時代のヒトガタ

(1) 概　要

　ヒトをモデルにしたと思われるモノをヒトガタとすると、県内では縄文時代前期の宮田村中越(なかごし)遺跡出土岩偶（複製展示）が思い浮かびます。しかし、垂飾品のデザインが「たまたまヒトに見えないこともない」といった程度のものです。縄文時代前期末〜中期初頭（約5,600〜5,500年前）の大集落長野市松原遺跡（当館蔵）では、ヒトガタは発見されていません。こうした状況からすると、県内でヒトガタが一般化するのは縄文時代中期からと言えそうです。もちろん、後世に残らない素材で祭祀の時だけ作られた例がないとは言えませんが、残らないモノは確かめようがありません。

　中期中葉の直前（約5,400年前）になると、県内では①有脚、②立像、③河童形（頭頂部が平らか凹む）、④ハート形顔面、の土偶が一斉に作られるようになります（中野市風呂屋遺跡、千曲市屋代遺跡群など）。土偶製作が盛んになる中葉（約5,300〜5,000年前）には、ポーズをとる土偶（茅野市尖石遺跡複製品）をはじめ、さまざまな土偶が作られるようになります。中期後葉（約4,900〜4,700年前）には、伊那谷に特徴的な出尻土偶（苅谷原遺跡複製品）や両手を上方に広げたバンザイ土偶(松本市葦原遺跡複製品）が作られます。

　中期末葉（約4,500年前）〜後期初頭（約4,300年前）、土偶はほとんど作られなくなります。土偶が復活するのは後期前葉（約4,000年前）です。中野市栗林遺跡、長野市村東山手(むらひがしやま)遺跡、安曇野市北村遺跡で仮面土偶が存在しています。しかし、後期中葉以降（約3,000年前）は、関東・東北にある有名なミミズク形土偶や遮光器土偶のような優品が作られることはなくなります。

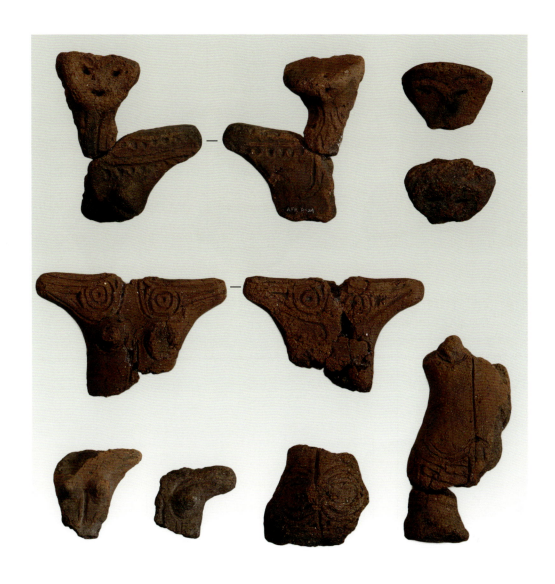

211 **中野市風呂屋遺跡出土土偶**
縄文時代中期前〜中葉
河童形の頭部にハート形の顔、象のような脚を特徴としています。

212 **中野市風呂屋遺跡出土三角形土製品**
縄文時代中期前〜中葉
貫通孔がある。新潟の三角形土製品とも
時期が異なり、関係性は不明

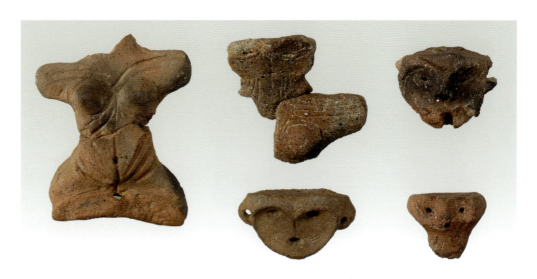

213　ⅩⅣ-1b層（地下約5.5m）出土土偶
　　　千曲市屋代遺跡群　縄文時代中期前葉
　　長野盆地南部まで千曲川を遡ると、雲母片がはいる土偶が増える。

214　ⅩⅢ-2層（地下約5m）出土土偶
　　　千曲市屋代遺跡群　縄文時代中期中葉
　　この地区でも、白い土偶が少数見られる。

215　ⅩⅡ-2層（地下約4m）出土土偶
　　　千曲市屋代遺跡群　縄文時代中期後葉
　　中期前葉に比べると少数ながら、さまざまな胎土の土偶がある。

<コラム>

赤い土器・白い土器・キラキラ光る土器

当館には、北信に土偶が普及し始める縄文時代中期中葉直前（約5,400年前）の、中野市風呂屋遺跡、千曲市屋代遺跡群の資料が収蔵されている。

中野市風呂屋遺跡は、飯山市深沢遺跡、中野市千田遺跡・姥ケ沢遺跡（図12）と2km圏内にあり、時期も重なる。ムラを形成する3つの遺跡と異なり、建物跡もない小規模遺跡にも土偶が急速に普及したことを示す例として興味深い。一方、千曲市屋代遺跡群は、風呂屋遺跡から20km余り千曲川をさかのぼった長野盆地西南端部に位置する大規模なムラの跡である。

両者の土偶の形態的な特徴はよく似ている。一方、一見してわかる違いが焼き上がりの色である（p67）。

土偶の色の差は、地元で作られた土器の色の差とも似ている。このことから、粘土供給地の違いや、交流関係を推測する手がかりが得られる。（寺内隆夫）

216
赤い土器・白い土器・キラキラ光る土器
上：中野市風呂屋遺跡
中・下：千曲市屋代遺跡群
縄文時代中期前葉

217 竜神平遺跡出土土偶
縄文時代中期中葉

中期中葉の初期（5,300年余り前）山あいの竪穴建物1棟の遺跡でも、土偶が普及し始める。

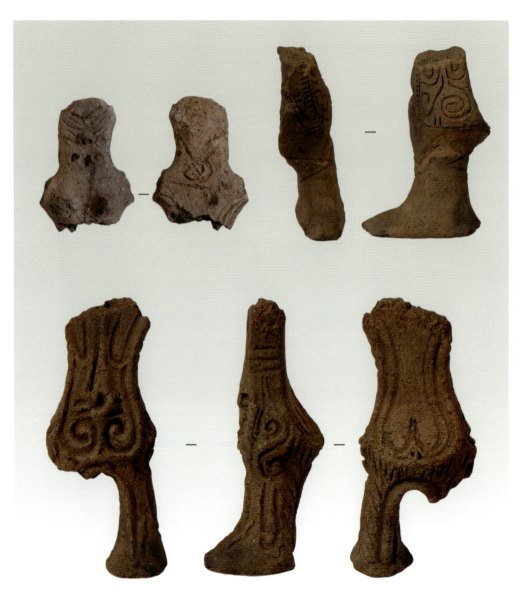

218 塩尻市上木戸遺跡出土土偶
縄文時代中期後葉

在地の唐草文土器の文様がふんだんに採り入れられている。

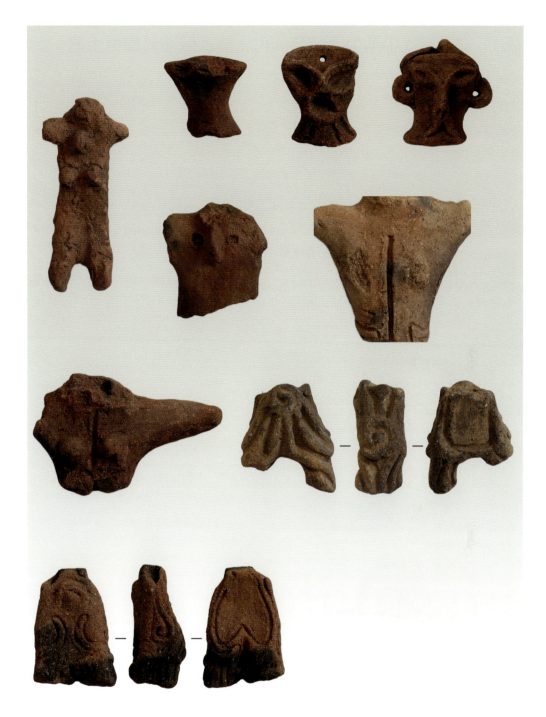

219 **小諸市郷土遺跡出土土偶**
　　ごうど
縄文時代中期中葉〜後葉

東信（千曲川上流域）の大規模集落遺跡で、土偶を多く作っている。しかし、文様の描写などに丁寧さが欠ける例が多い。

(2) 縄文時代中期の土偶装飾付土器と顔面装飾付土器

　縄文中期中葉（約5,300〜5,000年前）の土器に、①土偶を貼りつける、②口縁部に土偶を乗せる、③土器を体にみたてて顔面把手をつける、といったことをするのは中部高地の大きな特色です。面白いことに、八ヶ岳を越えた千曲川流域や、北陸に近い松本平北部などでは、土偶や顔面をつけることは低調になります。

　千曲川流域では中期後葉の中盤（約4,700年前）以降に顔がつく例が出始めます。この時期の顔は、中期中葉に見られた大らかな印象が少なくなり、少し不気味な感じのする顔つきになってきます。

　後・晩期（約4,300〜2,500年前）、顔面付土器の数は減りますが、注口土器（小諸市石神遺跡複製品）などに顔面がつくおもしろい例が見られます。

220　土偶装飾付有孔鍔付土器（複製）
　　　上伊那郡南箕輪村久保上ノ平遺跡
　　　縄文時代中期中葉　長野県宝
　　　南箕輪教育委員会蔵

221　顔面装飾付土器（複製）
　　　伊那市月見松遺跡　縄文時代中期中葉
　　　長野県宝　伊那市創造館蔵

（3） 仮面の時代　〜縄文時代後期の土偶とそれ以降〜

　中期末葉〜後期初頭の寒冷化により、八ケ岳西南麓などで集落数が激減する時期、土偶も作られなくなっていきました。小さな土偶を主役とした祭祀ではなく、列石や配石などの施設を造って行う大規模な祭祀が主流になったようです。そうした中、土偶も仮面が強調されるように変貌しました。配石などの中から出土する例も見られ、大規模な祭式の中に土偶が組み込まれていった可能性があります。

　犀川水系の安曇野市北村遺跡や千曲川水系の長野市村東山手遺跡、中野市栗林遺跡など、保存食にもなるサケの遡上が想定される地区では、ムラが存続しており、一定量の土偶製作も続けられていたことがわかっています。

写真42　安曇野市北村遺跡で仮面土偶（　）が出土した配石遺構

写真43　仮面土偶の出土状況

222 仮面土偶
　　安曇野市北村遺跡　縄文時代後期前葉

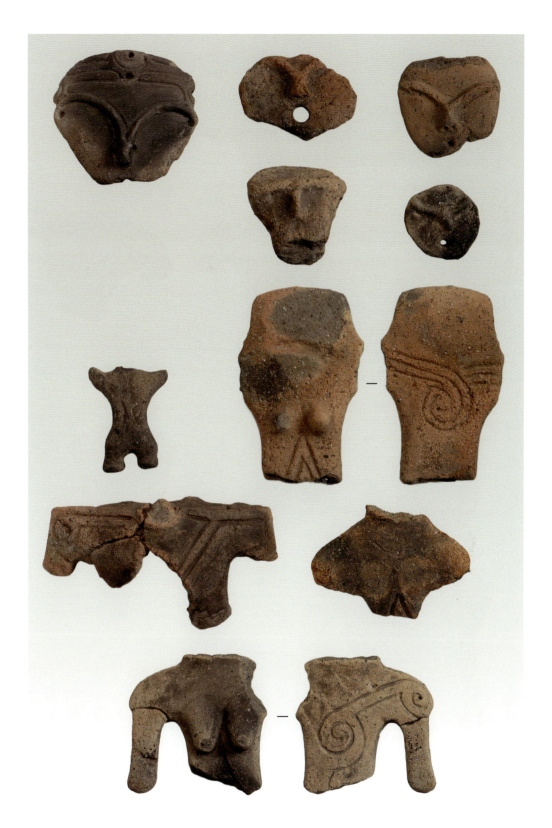

223 北村遺跡出土土偶
縄文時代後期

224 長野市村東山手遺跡出土土偶
縄文時代後期

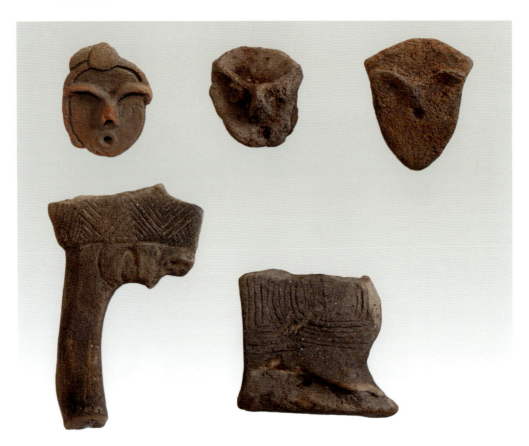

225 中野市栗林遺跡出土土偶
縄文時代後期

（4） 晩期の最後を飾る土偶

　縄文時代晩期の土偶は、県内の出土数が少なく、収蔵品もわずかです。岡谷市中島A遺跡は、諏訪湖を望む山麓扇状地につくられた短期的な居住地と見られ、明確な建物の痕跡は見つかっていない小規模な遺跡です。晩期末葉（約2,500年前）にあたる貴重な土偶数点が出土しました。

226　**岡谷市中島A遺跡出土の土偶**
　　　縄文時代晩期末葉

2 弥生時代のヒトガタ

(1) ヒトガタの変容

　縄文時代の終わり、土偶は稲作文化の足音とともに、その役割を終えます。土偶の姿に似た新たな道具の登場、死者の骨を入れるための容器（骨蔵器＝骨壺）、土偶形容器の誕生です。縄文土偶と同じように顔面に入れ墨を表現した趣は、まるで嘆きの表情のようにもみえます。縄文時代の終末（弥生時代前期）から中期初頭になると、顔表現のみを（骨）壺に付けた人面付き土器が現れ、中期後半には口をことさら大きく表現する例までが登場します。後期に至ると、骨を入れる壺というよりは両腕が付き、より人間的な顔表現をした、まるで「はにわ」のような面持ちの人物形の土器が誕生します。胴部は空洞で、小さな口や胸の穴（円窓）から、何かを入れることはできます。それが形状のある物質（個体や液体など）なのか、目では見ることのできないもの（魂など）なのか、今のところ、はっきりしていません。

(2) 土偶と土偶形容器

　弥生時代の始まり、土偶には幾つかの種類がみられます。①板状で頭部と四肢を持った人物形、②頭部のみで四肢を省略したこけし形、③筒形土器に人面を貼り付けた容器形などです。①には岡谷市中島A遺跡例（p197）や上田市大日ノ木遺跡例があり、頭巾をかぶりクルミのような頭部（後頭部結髪、設楽1999）をもった土偶です。晩期末の氷Ⅰ式後半にみられます。続く終末期の氷Ⅱ式にかけて、顔に入れ墨（鯨面(げいめん)）をした、いわゆる有髯(ゆうぜん)土偶が登場します。この土偶は伝伊那郡出土例のように人物形もありますが、やがてその多くが③の容器に取り付けられるようになります。人面の付いた土器の登場です。展示中の千曲市屋代清水遺跡Ⅱ例や塩尻市下境沢遺跡例（p162-207）がそれに当たります。

　一方弥生中期初頭には人物形をした容器が現れ、そこには洗練された鯨面表現がつけられるよ

図25　**伝伊那郡出土土偶**
（長野県史より）
縄文時代晩期終末
①人物形をした土偶

227　上田市大日ノ木遺跡出土土偶
　　縄文時代晩期終末　①人物形をした土偶

228　千曲市力石条里遺跡群出土土偶
　　弥生時代中期初頭　②こけし形をした土偶

うになります。土偶形容器の登場です。上田市淵ノ上遺跡例や諏訪市小尾口出土例などに代表され、いずれも大小があり、前者には一対の男女像の可能性が示されています（設楽2007）。また同時期には、鯨面の顔表現のみを形づくる、②こけし形の人物形土製品も登場します。いわゆる「木偶」と同形ですが、用途は不明です。千曲市力石条里遺跡や松本市赤城山遺跡群などに出土例があります。

（3）人面付き土器

　弥生時代中期には、壺形土器の口縁部付近に、人の顔面を思わせる装飾を付けた土器「人面付き土器（顔壺）」が現れます。縄文時代中期に、いわゆる「人面装飾ある土器」や「人面把手」（八幡1956）もあり、そこに発生のルーツを求められそうですが、より人間的な彫像表現や、再葬用の壺であることなどから、系統性については無関係だとの意見も強いようです。再葬墓に人面付き土器を使用する目的は、祖先祭祀のための祖霊像の設置で、祖先との交信用のアイテムと考えられています（佐原1976、小林2017）。

　人面付き土器は、壺に鯨面を付けた例とそれではない例に分けられます（石川1987、黒沢1997）。県内で出土した後者例は顔表現に特徴があり、目と鼻は省略され、大きな口がポッカリ開いた形状をしています。まるで、見る者を飲み込んでしまうような形相です。内容物は判然としませんが、これには骨片などの個体や液体でも入れられます。祖霊像（変化形）とすべきなのか、あるいは別の何かを想定すべきなのか、検証が必要です。ちなみに栃木県出流原遺跡例は墓壙から出土し、長野県松原遺跡例は竪穴住居跡から出土しています。

229　人面付き土器
千曲市城の内遺跡
弥生時代中期前半
千曲市教育委員会蔵

千曲川右岸の微高地上にある中期前葉から中葉を中心とする集落遺跡。人面付き土器はタライ状の土坑から単体で出土した。胴部の大半を欠くが、土坑内からは破片等の出土がなく、埋没時から現存部分のみの資料と考えられる。頭頂部に相当する部分は開口（壺口）し、目と口の周囲に入れ墨を思わせる細沈線がある。

230　人面付き土器
長野市松原遺跡
弥生時代中期後半
当館蔵

千曲川右岸の微高地上につくられた大規模な集落遺跡。この土器は竪穴住居跡〈SB1178〉床面近くから出土し、耳の一部に欠損があるものの、ほぼ完全な形です。全長（身高）19.2cm。顔面に目や鼻の表現はなく、まるで何かを飲み込むかのように、大きな口をポッカリ開けている。残念ながら、内容物は確認されていない。

（4）人形土器

　弥生時代後期、それ以前の中期までとは一風変わった人面付きの偶像が現れます。もはや開口部のある壺形の土器ではなく、全体形はまるで「はにわ」のようです。顔面表現に加え、大きく広げた両手にも特徴があります。こうした例を人物形土器（岩永 1989）と呼んでもいましたが、近年は人面付き土器の種類とする見方（設楽 2017）も示されています。全体の形状が、より人間的に作られていることから、人形の土器には違いありません。これまでの発見例では、群馬県小八木志志貝戸遺跡と同県有馬遺跡出土例は顔に口が、佐久市西一里塚遺跡群出土例は胸の部分？に穴（円窓）が開いています。開口部が小さいことも特徴で、容器形状としては中期以前との隔たりが大きいようです。内容物に何らかの変化があったとみてよいでしょう。

231　**人形土器**
　佐久市西一里塚遺跡群
　弥生時代後期後半
　当館蔵

　遺跡は千曲川右岸の段丘上にあります。破砕し3地点から出土し接合しましたが、いずれの破片も墓域内からであり、葬送と何らかの関係がある遺物とみられます。全長（身高）28.2㎝、全面に赤彩があったとみられます。右腕と頭部の一部が欠失。頭部は中実で、胴部は空洞、欠けているが胸部に穴（推定 1.5〜2.0㎝）が開いています。頭部には結髪上の表現があり、中央部分で一本に編んだ髪を後ろに垂らしているといいます。顔は上向き30度ほどで、鷲鼻、口蓋裂。

付章　原始・古代のヒトガタ　201

<コラム>

弥生時代のヒトガタ

　中部日本地域の縄文晩期終末（弥生前期）、鯨面(げいめん)表現をした有髯(ゆうぜん)土偶が登場する。有髯の顔面は、偶像よりもむしろ容器に多く取り付けられたとみられる。今回展示した晩期終末の塩尻市下境沢遺跡出土の土偶形容器（p162-207）がその好例である。顔面は筒形をした容器の口縁部近くに付き、まさにひっかき傷のような鯨面表現がある。墓とみられる土坑内から単体で出土した。一方で、顔面の口元や目の下に沈線を文様風にほどこす鯨面が幾種類かある。縄文晩期終末にその萌芽があるとされるが、流行するのは弥生時代中期の初めにかけてであり、「こけし」のような表現をした土偶や両腕の付いた土偶形容器に採用される。前者は千曲市（旧戸倉町）力石条里遺跡群例（p199）が、後者には上田市（旧丸子町）淵ノ上(なかやしき)遺跡例が知られ、神奈川県中屋敷遺跡や山梨県岡遺跡例からすると、初生児骨などを埋納した骨壺の可能性が高い。

　弥生世界に引き継がれた鯨面の顔表現は、縄文土偶とは違った新たな信仰、葬礼（再葬）のシンボルとして扱われたらしい。弥生中期の再葬墓は長野県以北の東日本地域に分布し、容器に壺形土器が用いられた。顔面表現はこれにも取り入れられて「人面付き土器」（顔壺(かおつぼ)）が誕生する。県内では千曲市城の内遺跡出土例が知られ、目と口元の周りに細かな沈線で鯨面表現を行う。顔は各地の出土例とも酷似しており、祖霊を表すもの（佐原1976)あるいは鳥装の巫師(ふし)・シャーマン（金関1978）であれば、共通した祖霊観や儀礼観を持っていたことになる。

　弥生文化には木偶や分銅形土製品のほか、銅鐸や土器への印刻絵画などを除くと、人面を有する土製の製作物に有髯土偶、土偶形容器、人面付き土器など3つがある。これらの人形(ひとがた)は、造作時期に違いがあり、系統発生的に出現したようにもみえるが、有髯土偶は葬礼への参画を、土偶形容器は初生児骨の再葬を、人面付き土器が再葬墓に特有といった役割の違いがあり、単純に一系列で捉えることは難しいとの指摘もある（石川1987）。近年、多種にわたる人形が整理され類別が再提案された（設楽2017）。依然、分からないことは多い。土偶形容器とみられる大形の頭部片が佐久市西一本柳遺跡にある。中期後半の所産とされ、目や口などは内面容器内まで貫通している。それまでの形状とは明らかに異質だ。壺に付いたものとすれば瓢箪形(ひょうたんがた)にでもなるのか。同様に目や口をしっかり貫通させた人面の破片が、中期後半の長野市榎田遺跡にもある。一見すると容器というよりも人面の土製品という印象を受ける。どんな全体像なのだろう。目鼻立ちはしっかりして、俗に評される「容貌は渡来人」のようでもある。

　弥生のヒトガタ、すべての系統性や類別の検証は今後の課題だが、全種類の人形が出土する長野県は、その重要な使命を担っているといえよう。（町田勝則）

3 古代のヒトガタ

（1）飛鳥時代～奈良時代の木製人形

　飛鳥時代から奈良時代、都城を中心に出土する祭祀具に3mm程度の薄い板から作られた「人形」があります。1994年度の発掘調査によって、信濃国埴科郡にあたる千曲市屋代遺跡群の千曲川の旧流路からも、他の木製祭祀具とセットを成して数百点出土しました。

　人形の使い方は、律令祭祀「大祓(おおはらえ)」によると、罪や穢れを移して水に流し、災厄を払ったとされます。奈良時代以降、井戸や溝から出土する木製の人形も、同様の用途と考えられています。

　屋代遺跡群の木製祭祀具を概観すると、7世紀末から8世紀初頭には馬形、蛇形、斎串が中心でしたが、8世紀になると人形が増加することがわかりました。祭祀の目的が雨乞いや止雨などの祈りから、人形による祓いへと変化していったと考えられます。

飛鳥時代（第5水田対応層）の人形
千曲市屋代遺跡群
飛鳥時代（7世紀代後半）
当館蔵
232は屋代遺跡群最古の人形。先端が剣先状を呈し、斎串の形に類似しているが、両側に腕を表現した切り込みをもつことから人形とみられる。厚さは9mm。

232　　233

234

235

236

237

238

奈良時代初め（第4水田対応層）の人形
屋代遺跡群出土　奈良時代（8世紀初頭）　当館蔵

234～236は顔面を構成する三角形がより扁平であるため、その中にすべての顔面表現が収まりきらず、鼻と口が、首より下へはみ出している。胴部から腰にかけてみられるL字状の切り欠きによって、しっかりと腰が作り出されている。

一方237と238はホームベース型の顔、なで肩で腰の切込みは見られない。後者の方が穏やかな表情をしている。

239は丸木を素材として、目・鼻・口を削りによって表現した、いわゆる「木偶」である。

239

240

241

242

243

奈良時代前半（第3水田対応層）の人形
千曲市屋代遺跡群　奈良時代（8世紀前半）　当館蔵

奈良時代の初めには頭が尖ったものが多かったのに対し、この時代になると丸（241・242）や長楕円（243）がみられるようになる。

(2) 平安時代の塼仏

　長野市篠ノ井遺跡群では古代〜中世の集落から、塼仏(せんぶつ)が出土しました。塼仏は粘土を型に押し付けて仏像を表現したレリーフです。集落内からは瓦塔(がとう)や銅鋺(どうわん)も出土しています。大寺院から離れた地方村落での草堂仏教ともいえるようなささやかな信仰の姿が浮かび上がります。

　縄文時代の土偶以降、粘土像に祈りを込める日本列島の人々の信仰の形は、大陸から新たな仏教信仰が伝来してもなお、引き継がれていったのです。

244　**新幹線篠ノ井遺跡群の塼仏**
　　　長野市篠ノ井遺跡群
　　　平安時代（9世紀）か
　　　当館蔵
　　　阿弥陀三尊の左の脇侍である
　　　勢至菩薩を表現したもの。

おわりに

　近年の縄文や土偶への関心の高まりは驚異的といえましょう。当館で国宝土偶展を計画し始めた頃は、「大都市圏の博物館では他人の頭越しにしか見られない国宝が、当館では、のんびりと見比べることができますよ」という広報にしようかとの話もでていました。しかし、2014年に譽田亜紀子さんの『はじめての土偶』が武藤康弘氏監修で刊行されたころからでしょうか、「かわいい」などの観点で、土偶は人気急上昇の一途をたどることとなりました。また、日本の先史時代の美を追求する観点からも注目され、昨年（2018年）、東京国立博物館で行われた『縄文-1万年の美の鼓動』展では、36万人もの観覧者数をたたき出しました。さらに、時代や世界全般で閉塞感が漂う中、突き抜けた思考や感性を探すうちに、これまで視野の外（たいていは小学校6年生の教科書で見る程度）にあった「縄文」への関心は、さらに高まってきています。

　今年（2019年）は、土偶への関心の高まりを受け、各地で土偶を主役にした企画展が目白押しです。当館で土偶展を開催するにあたっては、すでに各館のテーマとなってきた（1）土偶のかわいさや親しみを前面に打ち出す、（2）日本列島の先史芸術の素晴らしさを知ってもらう、（3）現代人との思考・感性の違いを明らかにする、といったコンセプトから離れることを目指しました。

　どの土偶に親近感がわき、かわいいと感じるのか、あるいは、どの作品を美しいと捉えるのかは、見る側の一人一人で異なります。土偶を好きになってもらう入口としては良いのですが、何か次のステップへ繋げられないだろうかと考えました。第一印象で好みが分かれるほど違いがあるのは、見る側の感性の問題だけでも、作り手の上手・下手の問題だけでもありません。そこには、作り手が暮らした時代や社会的な背景、ムラごとや個人個人の生活の実情などが写しだされていると考えられます。各地で伝統的な型があり、流行があるだけでなく、微笑む土偶と怒る土偶など、多分に個人的な制作目的に違いがあったと思われます。子宝、豊穣を祈るといったステレオタイプの願いだけではなかったことが考えられます。

　「縄文」・「土偶」といって一言でまとめてしまいがちですが、1万6千年に及ぶ時の流れと、千キロ近く離れた場所で作られた土偶では形や表情が異なって当然であるし、ひとまとめにされた中で比べるのではなく、それぞれの時代・地域に分け入って比べてみる必要があると思われます。

　そこで、当館では会期を2期に分け、前期では至高の造形作品と言える国宝5

箇の違いをじっくりと見比べていただくこととしました。至近距離で見比べていただくことで、それぞれの個性の強さをあらためて感じ、縄文文化の多様性を知っていただくきっかけにして欲しいと考えたのです。「縄文のビーナス」は、なぜこの時期・この地域で自立することや顔を明確にすることを求められたのか。「縄文の女神」の超人的な姿や、顔がないのはなぜか等々、時々のニーズ、あるいは伝統などに、思いを馳せるきっかけになれば幸いです。

　後期の展示では、国宝土偶のような優品が誕生したことや、際立つ個性の背景に、各ムラで作り・使われた無数の土偶があったことを提示し、縄文時代における土偶文化の裾野の広さを知っていただくこととしました。いわゆる中部高地と呼ばれる長野県・山梨県の土偶を中心に、新潟県の土偶を少数加えました。日本遺産「星降る中部高地の縄文世界」と「なんだ、コレは！～信濃川流域の火焔型土器と雪国の文化～」の違いや共通点、さらには、中部高地と一括された中においても、それぞれの地域やムラ、個人によって、祈りや願いごとが異なっており、さまざまな土偶を作っていたことに気づいていただけることと思います。

　さて、現代社会はヒトの形をしたもので溢れています。その要因には、ヒトが群れで生活する生きものである点があげられます。一人で生きていると思っていても、人間関係や社会とのつながりをまったく断つわけにはいきません。例えば、単独飛行の最中、サハラ砂漠の真ん中に不時着するといった究極の場面（サン・テクジュベリ『星の王子様』）で、助けが来ない場合、人は自らの精神的な冷静さを保つため、仮想のヒト？を登場させ、対話する能力を持っています。あるいは、不慮の事故や災害で近親者を亡くした人が、遺影や亡き人が残したキャラクターグッズを通して対話するといったこともあります。ここでは、ヒトは一人では生きられないだけでなく、豊かな想像力を備えている、といった点も重要です。実際の人には会えない、自分の祈りや願いが通じない時、ヒトの形をした仮想の存在を作りだすことができるのです。言葉を使って対話するには、ヒトの形をしていることが一番です。

　また、群れで暮らすヒトにとって、相手の顔や目は重要な要素です。敵か味方か、仲良くできるか否かを、ヒトは顔を見て一瞬のうちに判断を下します（正しいか否かは別）。また、「目は口ほどにものを言う」ものです。介護用ロボットなどの場合、ヒト型は望まれるが、あまりにもリアルでもいけないと言われます。土偶でもリアルに作ろうとしている時期と、定型化した顔や体形が好まれる時期があります。顔や目の表現については、つねに試行錯誤が繰り返されていたようです。顔や頭のない例（祭祀の際には仮に面をつけたか？）、仮面を被っている

例などがあります。また、顔を作っても、役目を終えて仕舞う時には、頭や顔をとり外す例が大半を占めています。

　現代、縄文時代に比べると技術力・表現力は飛躍的な進歩をとげています。しかし、少し考えてみるとヒトガタを必要としている点では共通しています。ホモ・サピエンス・サピエンスに進化して以後、長らく人類はヒトガタを作りませんでした（あるいは作っても後世に残さない素材だったか）。日本列島で、ヒトと同じ2本脚で立ち、明確な顔がつくヒトガタの登場は、縄文時代も中期近くになってからです。なぜ、日本列島において、はじめて縄文人たちはヒトガタを必要としたのでしょうか。なぜ、それまでは作らなかったのでしょうか。そして、現代人の感性とどうつながっているのでしょうか。興味はつきません。

展示品目録

展示目録番号	資料名（最終）	点数	法量 高さ（長さ）cm	時期	所在地	遺跡名	読み	英文表記
1	土偶（再現製作）	1	-	中期	青森県青森市	三内丸山遺跡	さんないまるやま	Sannaimaruyama site, Aomori-shi, Aomori
2	土偶（再現製作）	1	-	中期	神奈川県横浜市	公田ジョウロ塚遺跡	くでんじょうろづか	Kudenjōrozuka site, Yokohama-shi, Kanagawa
3	土偶装飾付土器（複製）	1	-	中期	富士見町	藤内遺跡	とうない	Tōnai site, Fujimi-machi
4	土偶出土状況（再現製作）	1	-	後期	茅野市	中ツ原遺跡	なかっぱら	Nakappara site, Chino-shi
5	土偶	1	27.0	中期	茅野市	棚畑遺跡	たなばたけ	Tanabatake site, Chino-shi
6	土偶	1	45.0	中期	山形県舟形町	西ノ前遺跡	にしのまえ	Nishinomae site, Funagata-machi, Yamagata
7	土偶	1	19.8	後期	青森県八戸市	風張1遺跡	かざはりいち	Kazahari 1 site, Hachinohe-shi, Aomori
8	土偶	1	41.5	後期	北海道函館市	著保内野遺跡	ちょぼないの	Chobonaino site, Hakodate-shi, Hokkaidō
9	土偶	1	35.0	後期	茅野市	中ツ原遺跡	なかっぱら	Nakappara site, Chino-shi
10	土偶	1	12.6	後期	茅野市	中ツ原遺跡	なかっぱら	Nakappara site, Chino-shi
11	土偶	1	12.4	後期	茅野市	中ツ原遺跡	なかっぱら	Nakappara site, Chino-shi
12	土偶	1	11.6	後期	茅野市	中ツ原遺跡	なかっぱら	Nakappara site, Chino-shi
13	土偶	1	19.0	後期	茅野市	中ツ原遺跡	なかっぱら	Nakappara site, Chino-shi
14	獣面把手付土器	1	6.7	前期	松川村	有明山社遺跡	ありあけさんしゃ	Ariakesansha site, Matsukawa-mura
15	獣面把手付土器	1	14.2	前期	塩尻市	山ノ神遺跡	やまのかみ	Yamanokami site, Shiojiri-shi
16~22	土偶	7	左上10.2	前期	山梨県笛吹市・甲州市	釈迦堂遺跡	しゃかどう	Shakadō site, Fuefuki-shi and Koshū-shi, Yamanashi
23	土偶	1	6.9	前期末～中期初頭	塩尻市	女夫山ノ神遺跡	めおとやまのかみ	Meotoyamanokami site, Shiojiri-shi
24	土偶	1	20.0	中期	新潟県津南町	道尻手遺跡	どうじって	Dōjitte site, Tsunan-machi, Niigata
24.2	土偶（複製）	1	-	中期	新潟県津南町	道尻手遺跡	どうじって	Dōjitte site, Tsunan-machi, Niigata
25	土偶	1	7.6	中期	新潟県津南町	道尻手遺跡	どうじって	Dōjitte site, Tsunan-machi, Niigata
26	土偶	1	6.6	中期	栄村	ひんご遺跡	ひんご	Hingo site, Sakae-mura
27	土偶	1	3.0	中期	栄村	ひんご遺跡	ひんご	Hingo site, Sakae-mura
28	土偶	1	4.4	中期	栄村	ひんご遺跡	ひんご	Hingo site, Sakae-mura
29	土偶	1	4.2	中期	新潟県津南町	道尻手遺跡	どうじって	Dōjitte site, Tsunan-machi, Niigata
30	土偶	1	4.0	中期	新潟県津南町	道尻手遺跡	どうじって	Dōjitte site, Tsunan-machi, Niigata
31	三角形土製品	1	5.0	中期	新潟県津南町	道尻手遺跡	どうじって	Dōjitte site, Tsunan-machi, Niigata
32	三角形土製品	1	4.0	中期	新潟県津南町	道尻手遺跡	どうじって	Dōjitte site, Tsunan-machi, Niigata
33	三角形土製品	1	4.0	中期	新潟県津南町	道尻手遺跡	どうじって	Dōjitte site, Tsunan-machi, Niigata
34	三角形土製品	1	4.8	中期	新潟県津南町	道尻手遺跡	どうじって	Dōjitte site, Tsunan-machi, Niigata
35	土偶	1	28.0	中期	飯山市	深沢遺跡	ふかさわ	Fukasawa site, Iiyama-shi
36	土偶	1	19.2	中期	中野市	姥ヶ沢遺跡	うばがさわ	Ubagasawa site, Nakano-shi
37	土偶	1	7.0	中期	飯山市	宮中遺跡	みやなか	Miyanaka site, Iiyama-shi
38	土偶	1	5.4	中期	飯山市	深沢遺跡	ふかさわ	Fukasawa site, Iiyama-shi
39	土偶	1	9.2	中期	中野市	千田遺跡	せんた	Senta site, Nakano-shi

収蔵・展示場所	英文表記	所蔵者	英文表記	指定
浅間縄文ミュージアム	Asama Jomon Museum	浅間縄文ミュージアム（原資料は三内丸山遺跡センター蔵）	Asama Jomon Museum (Sannaimaruyama site Center)	
浅間縄文ミュージアム	Asama Jomon Museum	浅間縄文ミュージアム（原資料は神奈川県立歴史博物館蔵）	Asama Jomon Museum (Kanagawa prefectural history Museum)	
当館	Nagano Prefectural Museum of History	長野県教育委員会（原資料は井戸尻考古館蔵）	Nagano Prefectural Board of Education (Idojiri Archaeological Museum)	
浅間縄文ミュージアム	Asama Jomon Museum	浅間縄文ミュージアム	Asama Jomon Museum	
茅野市尖石縄文考古館	Chino City Togariishi Museum of Jomon Archaeology	茅野市	Chino City	国宝 National Treasure
山形県立博物館	Yamagata Prefectural Museum	山形県	Yamagata Prefecture	国宝 National Treasure
八戸市埋蔵文化財センター 是川縄文館	Korekawa Archaeological Institution	八戸市	Hachinohe City, Aomori	国宝 National Treasure
函館市縄文文化交流センター	Hakodate Jomon Culture Center	函館市	Hakodate City, Hokkaidō	国宝 National Treasure
茅野市尖石縄文考古館	Chino City Togariishi Museum of Jomon Archaeology	茅野市	Chino City	国宝 National Treasure
茅野市尖石縄文考古館	Chino City Togariishi Museum of Jomon Archaeology	茅野市	Chino City	国宝 National Treasure
茅野市尖石縄文考古館	Chino City Togariishi Museum of Jomon Archaeology	茅野市	Chino City	国宝 National Treasure
茅野市尖石縄文考古館	Chino City Togariishi Museum of Jomon Archaeology	茅野市	Chino City	国宝 National Treasure
茅野市尖石縄文考古館	Chino City Togariishi Museum of Jomon Archaeology	茅野市	Chino City	国宝 National Treasure
塩尻市立平出博物館	Shiojiri City Hiraide Museum	塩尻市立平出博物館	Shiojiri City Hiraide Museum	
塩尻市立平出博物館	Shiojiri City Hiraide Museum	塩尻市立平出博物館	Shiojiri City Hiraide Museum	
釈迦堂遺跡博物館	The Shakadō Museum of Jomon Culture	釈迦堂遺跡博物館	The Shakadō Museum of Jomon Culture	重要文化財 Important Cultural Property
塩尻市立平出博物館	Shiojiri City Hiraide Museum	塩尻市立平出博物館	Shiojiri City Hiraide Museum	
津南町教育委員会	Tsunan Town Board of Education, Niigata	津南町教育委員会	Tsunan Town Board of Education, Niigata	
津南町教育委員会	Tsunan Town Board of Education, Niigata	津南町教育委員会	Tsunan Town Board of Education, Niigata	
津南町教育委員会	Tsunan Town Board of Education, Niigata	津南町教育委員会	Tsunan Town Board of Education, Niigata	
栄村歴史文化館	Sakae Village History Museum	栄教育委員会	Sakae Village Board of Education	
栄村歴史文化館	Sakae Village History Museum	栄教育委員会	Sakae Village Board of Education	
栄村歴史文化館	Sakae Village History Museum	栄教育委員会	Sakae Village Board of Education	
津南町教育委員会	Tsunan Town Board of Education, Niigata	津南町教育委員会	Tsunan Town Board of Education, Niigata	
津南町教育委員会	Tsunan Town Board of Education, Niigata	津南町教育委員会	Tsunan Town Board of Education, Niigata	
津南町教育委員会	Tsunan Town Board of Education, Niigata	津南町教育委員会	Tsunan Town Board of Education, Niigata	
津南町教育委員会	Tsunan Town Board of Education, Niigata	津南町教育委員会	Tsunan Town Board of Education, Niigata	
津南町教育委員会	Tsunan Town Board of Education, Niigata	津南町教育委員会	Tsunan Town Board of Education, Niigata	
津南町教育委員会	Tsunan Town Board of Education, Niigata	津南町教育委員会	Tsunan Town Board of Education, Niigata	
飯山市ふるさと館	Iiyama Furusato Hall	飯山市ふるさと館	Iiyama Furusato Hall	
中野市立博物館	Nakano City Museum	中野市教育委員会	Nakano City Board of Education,	市指定 Cultural Property Designated by Nakano City
飯山市ふるさと館	Iiyama Furusato Hall	飯山市ふるさと館	Iiyama Furusato Hall	
飯山市ふるさと館	Iiyama Furusato Hall	飯山市ふるさと館	Iiyama Furusato Hall	
中野市立博物館	Nakano City Museum	中野市教育委員会	Nakano City Board of Education,	

展示目録番号	資料名（最終）	点数	法量 高さ（長さ）cm	時期	所在地	遺跡名	読み	英文表記
40	土偶	1	5.4	中期	飯山市	深沢遺跡	ふかさわ	Fukasawa site, Iiyama-shi
41	土偶	1	11.0	中期	中野市	千田遺跡	せんた	Senta site, Nakano-shi
42	土偶	1	8.0	中期	中野市	千田遺跡	せんた	Senta site, Nakano-shi
43	土偶	1	4.2	中期	中野市	千田遺跡	せんた	Senta site, Nakano-shi
44	土偶	1	5.4	中期	飯山市	深沢遺跡	ふかさわ	Fukasawa site, Iiyama-shi
45	土偶	1	15.8	中期	長野市	檀田遺跡	まゆみだ	Mayumida site, Nagano-shi
46	土偶	1	8.8	中期	長野市	松ノ木田遺跡	まつのきだ	Matsunokida site, Nagano-shi
47	土偶	1	6.3	中期	長野市	明神前遺跡	みょうじんまえ	Myōjinmae site, Nagano-shi
48	土偶	1	5.0	中期	小諸市	郷土遺跡	ごうど	Gōdo site, Komoro-shi
49	土偶	1	5.6	中期	小諸市	郷土遺跡	ごうど	Gōdo site, Komoro-shi
50	土偶	1	11.0	中期	小諸市	郷土遺跡	ごうど	Gōdo site, Komoro-shi
51	土偶	1	7.4	中期	佐久市	胡桃沢遺	くるみさわ	Kurumisawa site, Saku-shi
52	土偶	1	6.6	中期	佐久市	平石遺跡	ひらいし	Hiraishi site, Saku-shi
53	土偶	1	6.0	中期	佐久市	中村遺跡	なかむら	Nakamura site, Saku-shi
54	土偶	1	5.0	中期	松本市	向畑遺跡	むかいはた	Mukaihata site, Matsumoto-shi
55	土偶	1	5.4	中期	松本市	向畑遺跡	むかいはた	Mukaihata site, Matsumoto-shi
56	土偶	1	3.0	中期	塩尻市	小丸山遺跡	こまるやま	Komaruyama site, Shiojiri-sh
57	土偶	1	2.5	中期	塩尻市	平出遺跡	ひらいで	Hiraide site, Shiojiri-shi
58	土偶	1	5.2	中期	塩尻市	平出遺跡	ひらいで	Hiraide site, Shiojiri-shi
59	土偶	1	15.0	中期	塩尻市	平出遺跡	ひらいで	Hiraide site, Shiojiri-shi
60	土偶	1	9.4	中期	塩尻市	平出遺跡	ひらいで	Hiraide site, Shiojiri-shi
61	土偶	1	8.2	中期	塩尻市	平出遺跡	ひらいで	Hiraide site, Shiojiri-shi
62	土偶	1	9.4	中期	塩尻市	俎原遺跡	まないたばら	Manaitabara site, Shiojiri-shi
63	土偶	1	6.9	中期	松本市	小池遺跡	こいけ	Koike site, Matsumoto-shi
64	土偶	1	6.6	中期	山形村	殿村遺跡	とのむら	Tonomura site, Yamagata-mura
65	土偶	1	8.2	中期	塩尻市	俎原遺跡	まないたばら	Manaitabara site, Shiojiri-shi
66	土偶	1	7.5	中期	塩尻市	俎原遺跡	まないたばら	Manaitabara site, Shiojiri-shi
67	土偶	1	13.4	中期	塩尻市	剣ノ宮遺跡	つるのみや	Tsurunomiya site, Shiojiri-shi
68	土偶	1	10.0	中期	山形村	淀の内遺跡	よどのうち	Yodonouchi site, Yamagata-mura
69	土偶	1	9.0	中期	松本市	生妻遺跡	しょうづま	Shōzuma site, Matsumoto-shi
70	土偶	1	5.8	中期	塩尻市	剣ノ宮遺跡	つるのみや	Tsurunomiya site, Shiojiri-shi
71	土偶	1	11.0	中期	塩尻市	剣ノ宮遺跡	つるのみや	Tsurunomiya site, Shiojiri-shi
72	土偶	1	13.4	中期	松本市	坪ノ内遺跡	つぼのうち	Tsubonouchi site, Matsumoto-shi
73	土偶	1	8.0	中期	山形村	殿村遺跡	とのむら	Tonomura site, Yamagata-mura
74	土偶	1	7.0	中期	山形村	三夜塚遺跡	さんやづか	San'yazuka site, Yamagata-mura
75	土偶	1	27.0	中期	安曇野市	他谷遺跡	たや	Taya site, Azumino-shi
76	土偶	1	10.0	中期	安曇野市	他谷遺跡	たや	Taya site, Azumino-shi
77	土偶	1	5.4	中期	伊那市	月見松遺跡	つきみまつ	Tsukimimatsu site, Ina-shi
78	土偶	1	4.2	中期	伊那市	月見松遺跡	つきみまつ	Tsukimimatsu site, Ina-shi
79	土偶	1	8.6	中期	中川村	箕輪田遺跡	みのわだ	Minowada site, Nakagawa-mura
80	土偶	1	4.8	中期	中川村	箕輪田遺跡	みのわだ	Minowada site, Nakagawa-mura

収蔵・展示場所	英文表記	所蔵者	英文表記	指定
飯山市ふるさと館	Iiyama Furusato Hall	飯山市ふるさと館	Iiyama Furusato Hall	
中野市立博物館	Nakano City Museum	中野市教育委員会	Nakano City Board of Education,	
中野市立博物館	Nakano City Museum	中野市教育委員会	Nakano City Board of Education,	
中野市立博物館	Nakano City Museum	中野市教育委員会	Nakano City Board of Education,	
飯山市ふるさと館	Iiyama Furusato Hall	飯山市ふるさと館	Iiyama Furusato Hall	
長野市埋蔵文化財センター	Nagano City Center for Archaeological Operations	長野市教育委員会	Nagano City Board of Education,	
長野市埋蔵文化財センター	Nagano City Center for Archaeological Operations	長野市教育委員会	Nagano City Board of Education,	
長野市立博物館	Nagano City Museum	長野市教育委員会	Nagano City Board of Education,	
当館	Nagano Prefectural Museum of History	長野県教育委員会	Nagano Prefectural Board of Education,	
当館	Nagano Prefectural Museum of History	長野県教育委員会	Nagano Prefectural Board of Education,	
当館	Nagano Prefectural Museum of History	長野県教育委員会	Nagano Prefectural Board of Education,	
佐久市望月歴史民俗資料館	Saku City Mochizuki Museum of History and Folklore	佐久市教育委員会	Saku City Board of Education,	
佐久市望月歴史民俗資料館	Saku City Mochizuki Museum of History and Folklore	佐久市教育委員会	Saku City Board of Education,	
佐久市教育委員会	Saku City Board of Education	佐久市教育委員会	Saku City Board of Education,	
松本市立考古博物館	Matsumoto City Archaeological Museum	松本市立考古博物館	Matsumoto City Archaeological Museum	
松本市立考古博物館	Matsumoto City Archaeological Museum	松本市立考古博物館	Matsumoto City Archaeological Museum	
塩尻市立平出博物館	Shiojiri City Hiraide Museum	塩尻市立平出博物館	Shiojiri City Hiraide Museum	
塩尻市立平出博物館	Shiojiri City Hiraide Museum	塩尻市立平出博物館	Shiojiri City Hiraide Museum	
塩尻市立平出博物館	Shiojiri City Hiraide Museum	塩尻市立平出博物館	Shiojiri City Hiraide Museum	
塩尻市立平出博物館	Shiojiri City Hiraide Museum	塩尻市立平出博物館	Shiojiri City Hiraide Museum	
塩尻市立平出博物館	Shiojiri City Hiraide Museum	塩尻市立平出博物館	Shiojiri City Hiraide Museum	
塩尻市立平出博物館	Shiojiri City Hiraide Museum	塩尻市立平出博物館	Shiojiri City Hiraide Museum	
塩尻市立平出博物館	Shiojiri City Hiraide Museum	塩尻市立平出博物館	Shiojiri City Hiraide Museum	
松本市立考古博物館	Matsumoto City Archaeological Museum	松本市立考古博物館	Matsumoto City Archaeological Museum	
山形村教育委員会	Yamagata Village Board of Education	山形村教育委員会	Yamagata Village Board of Education	
塩尻市立平出博物館	Shiojiri City Hiraide Museum	塩尻市立平出博物館	Shiojiri City Hiraide Museum	
塩尻市立平出博物館	Shiojiri City Hiraide Museum	塩尻市立平出博物館	Shiojiri City Hiraide Museum	
塩尻市立平出博物館	Shiojiri City Hiraide Museum	塩尻市立平出博物館	Shiojiri City Hiraide Museum	
山形村教育委員会	Yamagata Village Board of Education	山形村教育委員会	Yamagata Village Board of Education	
松本市立考古博物館	Matsumoto City Archaeological Museum	松本市立考古博物館	Matsumoto City Archaeological Museum	
塩尻市立平出博物館	Shiojiri City Hiraide Museum	塩尻市立平出博物館	Shiojiri City Hiraide Museum	
塩尻市立平出博物館	Shiojiri City Hiraide Museum	塩尻市立平出博物館	Shiojiri City Hiraide Museum	
松本市立考古博物館	Matsumoto City Archaeological Museum	松本市立考古博物館	Matsumoto City Archaeological Museum	
山形村教育委員会	Yamagata Village Board of Education	山形村教育委員会	Yamagata Village Board of Education	
山形村教育委員会	Yamagata Village Board of Education	山形村教育委員会	Yamagata Village Board of Education	
安曇野市穂高郷土資料館	Azumino City Hotaka Local Museum	安曇野市穂高郷土資料館	Azumino City Hotaka Local Museum	
安曇野市穂高郷土資料館	Azumino City Hotaka Local Museum	安曇野市穂高郷土資料館	Azumino City Hotaka Local Museum	
伊那市創造館	Ina-city Souzou-kan	伊那市教育委員会	Ina City Board of Education	
伊那市創造館	Ina-city Souzou-kan	伊那市教育委員会	Ina City Board of Education	
中川村教育委員会	Nakagawa Village Board of Education	中川村教育委員会	Nakagawa Village Board of Education	
中川村教育委員会	Nakagawa Village Board of Education	中川村教育委員会	Nakagawa Village Board of Education	

展示目録番号	資料名(最終)	点数	法量 高さ(長さ)cm	時期	所在地	遺跡名	読み	英文表記
81	土偶	1	4.2	中期	箕輪町	中山遺跡	なかやま	Nakayama site, Minowa-machi
82	土偶	1	8.4	中期	箕輪町	丸山遺跡	まるやま	Maruyama site, Minowa-machi
83	土偶	1	9.2	中期	宮田村	中越遺跡	なかこし	Nakakoshi site, Miyada-mura
84	土偶	1	10.3	中期	宮田村	中越遺跡	なかこし	Nakakoshi site, Miyada-mura
85	土偶	1	6.8	中期	宮田村	三つ塚上遺跡	みつづかうえ	Mitsuzukaue site, Miyada-mura
86	土偶	1	27.3	中期	中川村	苅谷原遺跡	かりやはら	Kariyahara site, Nakagawa-mura
87	土偶	1	15.4	中期	駒ヶ根市	日向坂遺跡	ひなたざか	Hinatazaka site, Komagane-shi
88	土偶	1	7.1	中期	駒ヶ根市	的場・門前遺跡	まとば・もんぜん	Matoba-monzen site, Komagane-shi
89	土偶	1	15.6	中期	伊那市	常輪寺下遺跡	じょうりんじした	Jōrinjishita site, Ina-shi
90	土偶	1	12.3	中期	飯島町	尾越遺跡	おごし	Ogoshi site, Iijima-machi
91	土偶	1	7.4	中期	駒ヶ根市	辻沢南遺跡	つじさわみなみ	Tsujisawaminami site, Komagane-shi
92	土偶	1	7.2	中期	駒ヶ根市	辻沢南遺跡	つじさわみなみ	Tsujisawaminami site, Komagane-shi
93	土偶	1	6.7	中期	中川村	中村遺跡	なかむら	Nakamura site, Nakagawa-mura
94	土偶	1	9.5	中期	宮田村	中越遺跡	なかこし	Nakakoshi site, Miyada-mura
95	土偶	1	7.2	中期	伊那市	今泉遺跡	いねずみ	Inezumi site, Ina-shi
96	土偶	1	6.9	中期	駒ヶ根市	反目遺跡	そりめ	Sorime site, Komagane-shi
97	土偶	1	14.4	中期	飯田市	城陸遺跡	じょうろく	Jōroku site, Iida-shi
98	土偶	1	17.5	中期	飯田市	城陸遺跡	じょうろく	Jōroku site, Iida-shi
99	土偶	1	22.8	中期	飯田市	黒田大明神原遺跡	くろだだいみょうじんばら	Kurodadaimyojinbara site, Iida-shi
100	土偶	1	17.0	中期	飯田市	中村中平遺跡	なかむらなかだいら	Nakamuranakadaira site, Iida-shi
101	土偶	1	16.7	中期	豊丘村	伴野遺跡	とものはら	Tomonohara site, Toyooka-mura
102	土偶	1	4.0	中期	飯田市	黒田垣外遺跡	くろだかいと	Kurodagaito site, Iida-shi
103	土偶	1	3.0	中期	喬木村	伊久間原遺跡	いくまっぱら	Ikumappara site, Takagi-mura
104	土偶	1	5.9	中期	豊丘村	伴野遺跡	とものはら	Tomonohara site, Toyooka-mura
105	土偶	1	14.5	中期	喬木村	地の神遺跡	じのかみ	Jinokami site, Takagi-mura
106	土偶	1	7.5	中期	岡谷市	目切遺跡	めきり	Mekiri site, Okaya-sh
106.2	土偶（複製）	1	—	中期	岡谷市	目切遺跡	めきり	Mekiri site, Okaya-sh
107	土偶	1	4.0	中期	岡谷市	花上寺遺跡	かじょうじ	Kajōji site, Okaya-shi
108	土偶	1	6.3	中期	岡谷市	広畑遺跡	ひろはた	Hirohata site, Okaya-shi
109	土偶	1	8.6	中期	岡谷市	梨久保遺跡	なしくぼ	Nashikubo site, Okaya-shi
110	土偶	1	3.0	中期	茅野市	棚畑遺跡	たなばたけ	Tanabatake site, Chino-shi
111	土偶	1	13.5	中期	茅野市	稗田頭B遺跡	ひえだがしらびー	Hiedagashira B site, Chino-shi
112	土偶	1	8.6	中期	諏訪市	荒神山遺跡	こうじんやま	Kōjin'yama site, Suwa-shi
113	土偶付土器	1	6.0	中期	原村	大石遺跡	おおいし	ōishi site, Hara-mura
114	土偶	1	9.0	中期	茅野市	山ノ神遺跡	やまのかみ	Yamanokami site, Chino-shi
115	土偶	1	8.4	中期	茅野市	棚畑遺跡	たなばたけ	Tanabatake site, Chino-shi

収蔵・展示場所	英文表記	所蔵者	英文表記	指定
箕輪町郷土博物館	Minowa-machi Local Museum	箕輪町教育委員会	Minowa Town Board of Education	
箕輪町郷土博物館	Minowa-machi Local Museum	箕輪町教育委員会	Minowa Town Board of Education	
宮田村教育委員会	Miyada Village Board of Education	宮田村教育委員会	Miyada Village Board of Education	
宮田村教育委員会	Miyada Village Board of Education	宮田村教育委員会	Miyada Village Board of Education	
宮田村教育委員会	Miyada Village Board of Education	宮田村教育委員会	Miyada Village Board of Education	
中川村教育委員会	Nakagawa Village Board of Education	中川村教育委員会	Nakagawa Village Board of Education	村指定 Cultural Property Designated by Nakagawa Village
駒ヶ根市教育委員会	Komagane City Board of Education	駒ヶ根市教育委員会	Komagane City Board of Education	
駒ヶ根市教育委員会	Komagane City Board of Education	駒ヶ根市教育委員会	Komagane City Board of Education	
伊那市創造館	ina-city Souzou-kan	伊那市教育委員会	Ina City Board of Education	
飯島町教育委員会	Iijima Town Board of Education	飯島町教育委員会	Iijima Town Board of Education	
駒ヶ根市教育委員会	Komagane City Board of Education	駒ヶ根市教育委員会	Komagane City Board of Education	
駒ヶ根市教育委員会	Komagane City Board of Education	駒ヶ根市教育委員会	Komagane City Board of Education	
中川村教育委員会	Nakagawa Village Board of Education	中川村教育委員会	Nakagawa Village Board of Education	
宮田村教育委員会	Miyada Village Board of Education	宮田村教育委員会	Miyada Village Board of Education	
伊那市創造館	ina-city Souzou-kan	伊那市教育委員会	Ina City Board of Education	
駒ヶ根市教育委員会	Komagane City Board of Education	駒ヶ根市教育委員会	Komagane City Board of Education	
飯田市上郷考古館	Iida-Kamisato Archaeological Museum	飯田市教育委員会	Iida City Board of Education	
飯田市上郷考古館	Iida-Kamisato Archaeological Museum	飯田市教育委員会	Iida City Board of Education	
飯田市上郷考古館	Iida-Kamisato Archaeological Museum	飯田市教育委員会	Iida City Board of Education	
飯田市上郷考古館	Iida-Kamisato Archaeological Museum	飯田市教育委員会	Iida City Board of Education	
豊丘村教育委員会	Toyooka Village Board of Education	豊丘村教育委員会	Toyooka Village Board of Education	
飯田市上郷考古館	Iida-Kamisato Kamisato Archaeological Museum	飯田市教育委員会	Iida City Board of Education	
喬木村教育委員会	Takagi Village Board of Education	喬木村教育委員会	Takagi Village Board of Education	
豊丘村教育委員会	Toyooka Village Board of Education	豊丘村教育委員会	Toyooka Village Board of Education	
喬木村教育委員会	Takagi Village Board of Education	喬木村教育委員会	Takagi Village Board of Education	
市立岡谷美術考古館	Okaya Art and Archaeological Museum	市立岡谷美術考古館	Okaya Art and Archaeological Museum	市指定 Cultural Property Designated by Okaya City
市立岡谷美術考古館	Okaya Art and Archaeological Museum	市立岡谷美術考古館	Okaya Art and Archaeological Museum	
市立岡谷美術考古館	Okaya Art and Archaeological Museum	市立岡谷美術考古館	Okaya Art and Archaeological Museum	市指定 Cultural Property Designated by Okaya City
市立岡谷美術考古館	Okaya Art and Archaeological Museum	市立岡谷美術考古館	Okaya Art and Archaeological Museum	市指定 Cultural Property Designated by Okaya City
市立岡谷美術考古館	Okaya Art and Archaeological Museum	市立岡谷美術考古館	Okaya Art and Archaeological Museum	
茅野市尖石縄文考古館	Chino City Togariishi Museum of Jomon Archaeology	茅野市尖石縄文考古館	Chino City Togariishi Museum of Jomon Archaeology	
茅野市尖石縄文考古館	Chino City Togariishi Museum of Jomon Archaeology	茅野市尖石縄文考古館	Chino City Togariishi Museum of Jomon Archaeology	
諏訪市博物館	Suwa City Museum	諏訪市博物館	Suwa City Museum	
原村教育委員会	Hara Village Board of Educatio	原村教育委員会	Hara Village Board of Educatio	
茅野市尖石縄文考古館	Chino City Togariishi Museum of Jomon Archaeology	茅野市尖石縄文考古館	Chino City Togariishi Museum of Jomon Archaeology	
茅野市尖石縄文考古館	Chino City Togariishi Museum of Jomon Archaeology	茅野市尖石縄文考古館	Chino City Togariishi Museum of Jomon Archaeology	

展示目録番号	資料名（最終）	点数	法量 高さ（長さ）cm	時期	所在地	遺跡名	読み	英文表記
116	土偶	1	15.6	中期	原村	比丘尼原遺跡	びくにっぱら	Bikunippara site, Hara-mura
117	土偶	1	11.5	中期	富士見町	広原遺跡	ひろっぱら	Hiroppara site, Fujimi-machi
118	土偶	1	13.4	中期	茅野市	尖石遺跡	とがりいし	Togariishi site, Chino-shi
119	土偶	1	8.0	中期	原村	居沢尾根遺跡	いざわおね	Izawaone site, Hara-mura
120	土偶	1	2.6	中期	岡谷市	海戸遺跡	かいと	Kaito site, Okaya-shi
121	土偶	1	2.3	中期か	岡谷市	海戸遺跡	かいと	Kaito site, Okaya-shi
122	土偶	1	9.0	中期	茅野市	長峯遺跡	ながみね	Nagamine site, Chino-shi
123	土偶	1	8.6	中期	富士見町	曽利遺跡	そり	Sori site, Fujimi-machi
124	土偶	1	25.0	中期	富士見町	坂上遺跡	さかうえ	Sakaue site, Fujimi-machi
125	土偶	1	5.3	中期	山梨県北杜市	諏訪原遺跡	すわはら	Suwahara site, Hokuto-shi, Yamanashi
126	土偶	1	3.2	中期	山梨県北杜市	実原A遺跡	さねはらえー	Sanehara A site, Hokuto-shi, Yamanashi
127	土偶	1	6.8	中期	山梨県北杜市	西ノ原B遺跡	にしのはらびー	Nishinohara B site, Hokuto-shi, Yamanashi
128	土偶	1	4.7	中期	山梨県北杜市	石原田北遺跡	いしはらだきた	Ishiharada-kita site, Hokuto-shi, Yamanashi
129	土偶	1	20.0	中期	山梨県北杜市	向原遺跡	むかいはら	Mukaihara site, Hokuto-shi, Yamanashi
130	土偶	1	10.5	中期	山梨県北杜市	寺所第2遺跡	てらどこだいに	Teradoko No. 2 site, Hokuto-shi,Yamanashi
131	土偶	1	12.8	中期	山梨県北杜市	宮の前B遺跡	みやのまえびー	Miyanomae B site, Hokuto-shi, Yamanashi
132	土偶	1	6.2	中期	山梨県北杜市	山崎第4遺跡	やまざきだいよん	Yamazaki No. 4 site, Hokuto-shi, Yamanashi
133	土偶	1	6.5	中期	山梨県南アルプス市	北原C遺跡	きたはらしー	Kitahara C site, Hokuto-shi, Yamanashi
134	土偶	1	3.5	中期	山梨県南アルプス市	鋳物師屋遺跡	いもじや	Imojiya site, Minami Alps-shi, Yamanashi
135	土偶	1	3.1	中期	山梨県南アルプス市	鋳物師屋遺跡	いもじや	Imojiya site, Minami Alps-shi, Yamanashi
136	土偶	1	9.0	中期	山梨県南アルプス市	鋳物師屋遺跡	いもじや	Imojiya site, Minami Alps-shi, Yamanashi
137	土偶	1	25.6	中期	山梨県南アルプス市	鋳物師屋遺跡	いもじや	Imojiya site, Minami Alps-shi, Yamanashi
138	土偶	1	4.5	中期	山梨県南アルプス市	鋳物師屋遺跡	いもじや	Imojiya site, Minami Alps-shi, Yamanashi
139	土偶	1	3.8	中期	山梨県甲州市	宮之上遺跡	みやのうえ	Miyanoue site, Kōshū-shi, Yamanashi
140	土偶	1	3.7	中期	山梨県甲州市	宮之上遺跡	みやのうえ	Miyanoue site, Kōshū-shi, Yamanashi
141	土偶	1	2.6	中期	山梨県甲州市	宮之上遺跡	みやのうえ	Miyanoue site, Kōshū-shi, Yamanashi
142	土偶	1	3.7	中期	山梨県甲州市	宮之上遺跡	みやのうえ	Miyanoue site, Kōshū-shi, Yamanashi
143	土偶	1	3.8	中期	山梨県甲州市	宮之上遺跡	みやのうえ	Miyanoue site, Kōshū-shi, Yamanashi
144	土偶	1	4.7	中期	山梨県甲州市	宮之上遺跡	みやのうえ	Miyanoue site, Kōshū-shi, Yamanashi
145	土偶	1	1.5	中期	山梨県甲州市	宮之上遺跡	みやのうえ	Miyanoue site, Kōshū-shi, Yamanashi
146	土偶	1	2.8	中期	山梨県甲州市	宮之上遺跡	みやのうえ	Miyanoue site, Kōshū-shi, Yamanashi
147	土偶	1	8.5	中期	山梨県甲州市	宮之上遺跡	みやのうえ	Miyanoue site, Kōshū-shi, Yamanashi
148	土偶	1	5.4	中期	山梨県甲州市	宮之上遺跡	みやのうえ	Miyanoue site, Kōshū-shi, Yamanashi
149	土偶	1	7.7	中期	山梨県甲州市	宮之上遺跡	みやのうえ	Miyanoue site, Kōshū-shi, Yamanashi
150	土偶	1	5.5	中期	山梨県甲州市	宮之上遺跡	みやのうえ	Miyanoue site, Kōshū-shi, Yamanashi

収蔵・展示場所	英文表記	所蔵者	英文表記	指定
原村教育委員会	Hara Village Board of Education	原村教育委員会	Hara Village Board of Education	
井戸尻考古館	Idojiri Archaeological Museum	富士見町教育委員会	Fujimi Town Board of Education	
茅野市尖石縄文考古館	Chino City Togariishi Museum of Jomon Archaeology	茅野市尖石縄文考古館	Chino City Togariishi Museum of Jomon Archaeology	
原村教育委員会	Hara Village Board of Education	原村教育委員会	Hara Village Board of Education	
市立岡谷美術考古館	Okaya Art and Archaeological Museum	市立岡谷美術考古館	Okaya Art and Archaeological Museum	
市立岡谷美術考古館	Okaya Art and Archaeological Museum	市立岡谷美術考古館	Okaya Art and Archaeological Museum	
茅野市尖石縄文考古館	Chino City Togariishi Museum of Jomon Archaeology	茅野市尖石縄文考古館	Chino City Togariishi Museum of Jomon Archaeology	
井戸尻考古館	Idojiri Archaeological Museum	富士見町教育委員会	Fujimi Town Board of Education	
井戸尻考古館	Idojiri Archaeological Museum	富士見町教育委員会	Fujimi Town Board of Education	重要文化財 Important Cultural Property
北杜市考古資料館	Hokuto City Archaeological Museum	北杜市教育委員会	Hokuto City Board of Education, Yamanashi	
北杜市考古資料館	Hokuto City Archaeological Museum	北杜市教育委員会	Hokuto City Board of Education, Yamanashi	
北杜市考古資料館	Hokuto City Archaeological Museum	北杜市教育委員会	Hokuto City Board of Education, Yamanashi	
北杜市考古資料館	Hokuto City Archaeological Museum	北杜市教育委員会	Hokuto City Board of Education, Yamanashi	
北杜市考古資料館	Hokuto City Archaeological Museum	北杜市教育委員会	Hokuto City Board of Education, Yamanashi	
北杜市考古資料館	Hokuto City Archaeological Museum	北杜市教育委員会	Hokuto City Board of Education, Yamanashi	
北杜市考古資料館	Hokuto City Archaeological Museum	北杜市教育委員会	Hokuto City Board of Education, Yamanashi	
北杜市考古資料館	Hokuto City Archaeological Museum	北杜市教育委員会	Hokuto City Board of Education, Yamanashi	
南アルプス市ふるさと文化伝承館	Minami Alps City local culture Museum	南アルプス市教育委員会	Minami Alps City Board of Education, Yamanashi	
南アルプス市ふるさと文化伝承館	Minami Alps City local culture Museum	南アルプス市教育委員会	Minami Alps City Board of Education, Yamanashi	重要文化財 Important Cultural Property
南アルプス市ふるさと文化伝承館	Minami Alps City local culture Museum	南アルプス市教育委員会	Minami Alps City Board of Education, Yamanashi	重要文化財 Important Cultural Property
南アルプス市ふるさと文化伝承館	Minami Alps City local culture Museum	南アルプス市教育委員会	Minami Alps City Board of Education, Yamanashi	重要文化財 Important Cultural Property
南アルプス市ふるさと文化伝承館	Minami Alps City local culture Museum	南アルプス市教育委員会	Minami Alps City Board of Education, Yamanashi	重要文化財 Important Cultural Property
南アルプス市ふるさと文化伝承館	Minami Alps City local culture Museum	南アルプス市教育委員会	Minami Alps City Board of Education, Yamanashi	重要文化財 Important Cultural Property
甲州市教育委員会	Kōshū City Board of Education, Yamanashi	甲州市教育委員会	Kōshū City Board of Education, Yamanashi	
甲州市教育委員会	Kōshū City Board of Education, Yamanashi	甲州市教育委員会	Kōshū City Board of Education, Yamanashi	
甲州市教育委員会	Kōshū City Board of Education, Yamanashi	甲州市教育委員会	Kōshū City Board of Education, Yamanashi	
甲州市教育委員会	Kōshū City Board of Education, Yamanashi	甲州市教育委員会	Kōshū City Board of Education, Yamanashi	
甲州市教育委員会	Kōshū City Board of Education, Yamanashi	甲州市教育委員会	Kōshū City Board of Education, Yamanashi	
甲州市教育委員会	Kōshū City Board of Education, Yamanashi	甲州市教育委員会	Kōshū City Board of Education, Yamanashi	
甲州市教育委員会	Kōshū City Board of Education, Yamanashi	甲州市教育委員会	Kōshū City Board of Education, Yamanashi	
甲州市教育委員会	Kōshū City Board of Education, Yamanashi	甲州市教育委員会	Kōshū City Board of Education, Yamanashi	
甲州市教育委員会	Kōshū City Board of Education, Yamanashi	甲州市教育委員会	Kōshū City Board of Education, Yamanashi	
甲州市教育委員会	Kōshū City Board of Education, Yamanashi	甲州市教育委員会	Kōshū City Board of Education, Yamanashi	
甲州市教育委員会	Kōshū City Board of Education, Yamanashi	甲州市教育委員会	Kōshū City Board of Education, Yamanashi	
甲州市教育委員会	Kōshū City Board of Education, Yamanashi	甲州市教育委員会	Kōshū City Board of Education, Yamanashi	

展示目録番号	資料名（最終）	点数	法量 高さ（長さ）cm	時期	所在地	遺跡名	読み	英文表記
151	土偶	1	5.7	中期	山梨県甲州市	宮之上遺跡	みやのうえ	Miyanoue site, Kōshū-shi, Yamanashi
152	土偶	1	12.7	中期	山梨県甲州市	宮之上遺跡	みやのうえ	Miyanoue site, Kōshū-shi, Yamanashi
153	土偶	1	9.8	中期	山梨県甲州市	宮之上遺跡	みやのうえ	Miyanoue site, Kōshū-shi, Yamanashi
154	土偶	1	4.2	中期	山梨県甲州市	宮之上遺跡	みやのうえ	Miyanoue site, Kōshū-shi, Yamanashi
155	土偶	1	3.0	中期	山梨県甲州市	宮之上遺跡	みやのうえ	Miyanoue site, Kōshū-shi, Yamanashi
156	土偶	1	10.2	中期	山梨県甲州市	宮之上遺跡	みやのうえ	Miyanoue site, Kōshū-shi, Yamanashi
157	土偶	1	9.9	中期	山梨県甲州市	宮之上遺跡	みやのうえ	Miyanoue site, Kōshū-shi, Yamanashi
158	土偶	1	10.5	中期	山梨県笛吹市	国分寺遺跡	こくぶんじ	Kokubunji site, Fuefuki-shi, Yamanashi
159	土偶	1	9.4	中期	山梨県笛吹市	桂野遺跡	かつらの	Katsurano site, Fuefuki-shi, Yamanashi
160	土偶	1	9.5	中期	山梨県笛吹市	西原遺跡	にしはら	Nishinohara site, Fuefuki-shi, Yamanashi
161	土偶	1	7.0	後期	飯山市	顔戸南木下遺跡	ごうどみなみきのした	Gōdominamikinoshita site, Iiyama-shi
162	土偶	1	7.0	後期	飯山市	東原遺跡	ひがしはら	Higashihara site, Iiyama-shi
163	土偶	1	9.8	後期	東御市	古屋敷遺跡	ふるやしき	Furuyashiki site, Tōmi-shi
164	土偶	1	13.0	後期～晩期	東御市	赤岩新屋遺跡	あかいわあらや	Akaiwaaraya site, Tōmi-shi
165	土偶	1	8.0	後期	佐久市	西近津遺跡	にしちかつ	Nishichikatsu site, Saku-shi
166	土偶	1	8.5	後期	佐久市	月夜平遺跡	つきよだいら	Tsukiyodaira site, Saku-shi
167	土偶	1	10.8	後期～晩期	佐久市	浦谷B遺跡	うらやびー	Uraya B site, Saku-shi
168	土偶	1	15.4	晩期	小諸市	石神遺跡	いしがみ	Ishigami site, Komoro-shi
169	土偶	1	10.8	晩期	小諸市	石神遺跡	いしがみ	Ishigami site, Komoro-shi
169.2	土偶（再現製作）	1	－	晩期	御代田町	石神遺跡	いしがみ	Ishigami site, Miyota-machi
170	土偶	1	4.2	後期	松本市	エリ穴遺跡	えりあな	Eriana site, Matsumoto-shi
171	土偶	1	3.0	後期	松本市	エリ穴遺跡	えりあな	Eriana site, Matsumoto-shi
172	土偶	1	11.4	後期	松本市	エリ穴遺跡	えりあな	Eriana site, Matsumoto-shi
173	土偶	1	9.0	後期	松本市	エリ穴遺跡	えりあな	Eriana site, Matsumoto-shi
174	土偶	1	6.4	後期	松本市	エリ穴遺跡	えりあな	Eriana site, Matsumoto-shi
175	土偶	1	6.4	晩期	松本市	エリ穴遺跡	えりあな	Eriana site, Matsumoto-shi
176	土偶	1	5.6	晩期	松本市	エリ穴遺跡	えりあな	Eriana site, Matsumoto-shi
177	土偶	1	5.6	晩期	松本市	エリ穴遺跡	えりあな	Eriana site, Matsumoto-shi

収蔵・展示場所	英文表記	所蔵者	英文表記	指定
甲州市教育委員会	Kōshū City Board of Education, Yamanashi	甲州市教育委員会	Kōshū City Board of Education, Yamanashi	
甲州市教育委員会	Kōshū City Board of Education, Yamanashi	甲州市教育委員会	Kōshū City Board of Education, Yamanashi	
甲州市教育委員会	Kōshū City Board of Education, Yamanashi	甲州市教育委員会	Kōshū City Board of Education, Yamanashi	
甲州市教育委員会	Kōshū City Board of Education, Yamanashi	甲州市教育委員会	Kōshū City Board of Education, Yamanashi	
甲州市教育委員会	Kōshū City Board of Education, Yamanashi	甲州市教育委員会	Kōshū City Board of Education, Yamanashi	
甲州市教育委員会	Kōshū City Board of Education, Yamanashi	甲州市教育委員会	Kōshū City Board of Education, Yamanashi	
甲州市教育委員会	Kōshū City Board of Education, Yamanashi	甲州市教育委員会	Kōshū City Board of Education, Yamanashi	
笛吹市春日居郷土館	Fuefuki City Kasugai Local Museum	笛吹市教育委員会	Fuefuki City Board of Education, Yamanashi	
笛吹市春日居郷土館	Fuefuki City Kasugai Local Museum	笛吹市教育委員会	Fuefuki City Board of Education, Yamanashi	
笛吹市春日居郷土館	Fuefuki City Kasugai Local Museum	笛吹市教育委員会	Fuefuki City Board of Education, Yamanashi	
飯山市ふるさと館	Iiyama Furusato Hall	飯山市ふるさと館	Iiyama Furusato Hall	
飯山市ふるさと館	Iiyama Furusato Hall	飯山市ふるさと館	Iiyama Furusato Hall	
東御市文書館	Tōmi City Archive	東御市教育委員会	Tōmi City Board of Education	市指定 Cultural Property Designated by Tōmi City
東御市文書館	Tōmi City Archive	東御市教育委員会	Tōmi City Board of Education	市指定 Cultural Property Designated by Tōmi City
佐久市教育委員会	Saku City Board of Education	佐久市教育委員会	Saku City Board of Education	
佐久市臼田文化センター	Saku City Usuda Culture Center	佐久市教育委員会	Saku City Board of Education	
佐久市望月歴史民俗資料館	Saku City Mochizuki Museum of History and Folklore	佐久市教育委員会	Saku City Board of Education	
小諸市教育委員会	Komoro City Board of Education	小諸市教育委員会	Komoro City Board of Education	
小諸市教育委員会	Komoro City Board of Education	小諸市教育委員会	Komoro City Board of Education	
浅間縄文ミュージアム	Asama Jomon Museum	浅間縄文ミュージアム	Asama Jomon Museum	
松本市立考古博物館	Matsumoto City Archaeological Museum	松本市立考古博物館（写真：松本市教育委員会）	Matsumoto City Archaeological Museum (Foto : Matsumoto City Board of Education)	
松本市立考古博物館	Matsumoto City Archaeological Museum	松本市立考古博物館（写真：松本市教育委員会）	Matsumoto City Archaeological Museum (Foto : Matsumoto City Board of Education)	
松本市立考古博物館	Matsumoto City Archaeological Museum	松本市立考古博物館（写真：松本市教育委員会）	Matsumoto City Archaeological Museum (Foto : Matsumoto City Board of Education)	
松本市立考古博物館	Matsumoto City Archaeological Museum	松本市立考古博物館（写真：松本市教育委員会	Matsumoto City Archaeological Museum (Foto : Matsumoto City Board of Education)	市重要文化財 Cultural Property Designated by Matsumoto City
松本市立考古博物館	Matsumoto City Archaeological Museum	松本市立考古博物館（写真：松本市教育委員会	Matsumoto City Archaeological Museum (Foto : Matsumoto City Board of Education)	市重要文化財 Cultural Property Designated by Matsumoto City
松本市立考古博物館	Matsumoto City Archaeological Museum	松本市立考古博物館（写真：松本市教育委員会	Matsumoto City Archaeological Museum (Foto : Matsumoto City Board of Education)	市重要文化財 Cultural Property Designated by Matsumoto City
松本市立考古博物館	Matsumoto City Archaeological Museum	松本市立考古博物館（写真：松本市教育委員会	Matsumoto City Archaeological Museum (Foto : Matsumoto City Board of Education)	市重要文化財 Cultural Property Designated by Matsumoto City
松本市立考古博物館	Matsumoto City Archaeological Museum	松本市立考古博物館（写真：松本市教育委員会	Matsumoto City Archaeological Museum (Foto : Matsumoto City Board of Education)	市重要文化財 Cultural Property Designated by Matsumoto City

展示目録番号	資料名（最終）	点数	法量 高さ（長さ）㎝	時期	所在地	遺跡名	読み	英文表記
178	土偶	1	4.2	晩期	松本市	エリ穴遺跡	えりあな	Eriana site, Matsumoto-shi
179	土偶	1	20.0	後期	辰野町	新町泉水遺跡	しんまちせんすい	Shinmachisensui site, Tatsuno-machi
180	土偶	1	4.5	後期	辰野町	樋口五反田遺跡	ひぐちごたんだ	Higuchigotanda site, Tatsuno-machi
181	土偶	1	6.6	後期	伊那市	百駄刈遺跡	ひゃくだがり	Hyakudagari site, Ina-shi
182	土偶	1	9.8	後期	箕輪町	長田遺跡	ながた	Nagata site, Minowa-machi
183	土偶	1	3.8	後期	中川村	太子原遺跡	ていしっぱら	Teishippara site, Nakagawa-mura
184	土偶	1	6.2	後期～晩期	辰野町	櫟林遺跡	くぬぎばやし	Kunugibayashi site, Tatsuno-machi
185	土偶	1	3.6	後期	飯田市	中村中平遺跡	なかむらなかだいら	Nakamuranakadaira site, Iida-shi
186	土偶	1	5.6	後期	飯田市	中村中平遺跡	なかむらなかだいら	Nakamuranakadaira site, Iida-shi
187	土偶	1	13.2	後期	飯田市	中村中平遺跡	なかむらなかだいら	Nakamuranakadaira site, Iida-shi
188	土偶	1	5.9	晩期	飯田市	中村中平遺跡	なかむらなかだいら	Nakamuranakadaira site, Iida-shi
189	土偶	1	6.0	晩期	飯田市	中村中平遺跡	なかむらなかだいら	Nakamuranakadaira site, Iida-shi
190	土偶	1	13.2	晩期	飯田市	中村中平遺跡	なかむらなかだいら	Nakamuranakadaira site, Iida-shi
191	土偶	1	22.0	後期	岡谷市	目切遺跡	めきり	Mekiri site, Okaya-shi
192	土偶	1	7.7	後期	原村	恩膳遺跡	おんぜん	Onzen site, Hara-mura
193	土偶	1	4.3	後期	富士見町	大花遺跡	おおばな	Ōbana site, Fujimi-machi
194	土偶	1	8.9	後期	富士見町	大花遺跡	おおばな	Ōbana site, Fujimi-machi
195	土偶	1	4.8	後期	富士見町	大花遺跡	おおばな	Ōbana site, Fujimi-machi
196	土偶	1	4.2	後期	富士見町	大花遺跡	おおばな	Ōbana site, Fujimi-machi
197	土偶（複製）	1	22.6	後期	山梨県韮崎市	後田遺跡	うしろだ	Ushiroda site, Nirasaki-shi, Yamanashi
198	土偶	1	6.0	後期	山梨県北杜市	酒呑場遺跡	さけのみば	Sakenomiba site, Hokuto-shi, Yamanashi
199	土偶	1	11.3	後期	山梨県北杜市	石堂B遺跡	いしどうびー	Ishidō B site, Hokuto-shi, Yamanashi
200	土偶	1	6.3	後期	山梨県北杜市	上ノ原遺跡	かみのはら	Kaminohara site, Hokuto-shi, Yamanashi
201	土偶	1	5.6	後期	山梨県北杜市	金生遺跡	きんせい	Kinsei site, Hokuto-shi, Yamanashi
202	土偶	1	5.3	後期	山梨県北杜市	金生遺跡	きんせい	Kinsei site, Hokuto-shi, Yamanashi
203	土偶	1	5.6	後期	山梨県北杜市	金生遺跡	きんせい	Kinsei site, Hokuto-shi, Yamanashi
204	土偶	1	5.0	後期	山梨県北杜市	金生遺跡	きんせい	Kinsei site, Hokuto-shi, Yamanashi
205	土偶	1	13.5	晩期	山梨県北杜市	金生遺跡	きんせい	Kinsei site, Hokuto-shi, Yamanashi
206	土偶	1	23.5	晩期	山梨県北杜市	金生遺跡	きんせい	Kinsei site, Hokuto-shi, Yamanashi
207	土偶形容器	1	25.8	弥生前期（縄文晩期終末）～中期	塩尻市	下境沢遺跡	しもさかいざわ	Shimosakaizawa site, Shiojiri-shi
208	土偶形容器	1	28.0	弥生中期	山梨県笛吹市	岡遺跡	おか	Oka site, Fuefuki-shi, Yamanasi
209	土偶形容器	1	24.4	弥生中期	山梨県笛吹市	岡遺跡	おか	Oka site, Fuefuki-shi, Yamanasi
210	須田剋太の書	1	135（縦）・100（横）	1989年	−	−	−	Jomon

収蔵・展示場所	英文表記	所蔵者	英文表記	指定
松本市立考古博物館	Matsumoto City Archaeological Museum	松本市立考古博物館（写真：松本市教育委員会）	Matsumoto City Archaeological Museum (Foto : Matsumoto City Board of Education)	市重要文化財 Cultural Property Designated by Matsumoto City
辰野美術館	Tatsuno Museum of Art	辰野町教育委員会	Tatsuno Town Board of Education	長野県宝 Nagano Prefectural Treasure
辰野美術館	Tatsuno Museum of Art	辰野町教育委員会	Tatsuno Town Board of Education	
伊那市創造館	Ina-city Souzou-kan	伊那市教育委員会	Ina City Board of Education	
箕輪町郷土博物館	Minowa-machi Local Museum	箕輪町教育委員会	Minowa Town Board of Education	
中川村教育委員会	Nakagawa Village Board of Education,	中川村教育委員会	Nakagawa Village Board of Education	
辰野美術館	Tatsuno Museum of Art	辰野町教育委員会	Tatsuno Town Board of Education	
飯田市上郷考古館	Iida-Kamisato Archaeological Museum	飯田市教育委員会	Iida City Board of Education	
飯田市上郷考古館	Iida-Kamisato Archaeological Museum	飯田市教育委員会	Iida City Board of Education	
飯田市上郷考古館	Iida-Kamisato Archaeological Museum	飯田市教育委員会	Iida City Board of Education	
飯田市上郷考古館	Iida-Kamisato Archaeological Museum	飯田市教育委員会	Iida City Board of Education	
飯田市上郷考古館	Iida-Kamisato Archaeological Museum	飯田市教育委員会	Iida City Board of Education	
飯田市上郷考古館	Iida-Kamisato Archaeological Museum	飯田市教育委員会	Iida City Board of Education	
市立岡谷美術考古館	Okaya Art and Archaeological Museum	市立岡谷美術考古館	Okaya Art and Archaeological Museum	
原村教育委員会	Hara Village Board of Education	原村教育委員会	Hara Village Board of Education	
井戸尻考古館	Idojiri Archaeological Museum	富士見町教育委員会	Fujimi Town Board of Education	
井戸尻考古館	Idojiri Archaeological Museum	富士見町教育委員会	Fujimi Town Board of Education	
井戸尻考古館	Idojiri Archaeological Museum	富士見町教育委員会	Fujimi Town Board of Education	
井戸尻考古館	Idojiri Archaeological Museum	富士見町教育委員会	Fujimi Town Board of Education	
韮崎市民俗資料館	Nirasaki Municipal Folklore	韮崎市教育委員会	Nirasaki City Board of Education, Yamanashi	
北杜市考古資料館	Hokuto City Archaeological Museum	北杜市教育委員会	Hokuto City Board of Education, Yamanashi	
北杜市考古資料館	Hokuto City Archaeological Museum	北杜市教育委員会	Hokuto City Board of Education, Yamanashi	
北杜市考古資料館	Hokuto City Archaeological Museum	北杜市教育委員会	Hokuto City Board of Education, Yamanashi	
北杜市考古資料館	Hokuto City Archaeological Museum	北杜市教育委員会	Hokuto City Board of Education, Yamanashi	
北杜市考古資料館	Hokuto City Archaeological Museum	北杜市教育委員会	Hokuto City Board of Education, Yamanashi	
北杜市考古資料館	Hokuto City Archaeological Museum	北杜市教育委員会	Hokuto City Board of Education, Yamanashi	
北杜市考古資料館	Hokuto City Archaeological Museum	北杜市教育委員会	Hokuto City Board of Education, Yamanashi	
北杜市考古資料館	Hokuto City Archaeological Museum	北杜市教育委員会	Hokuto City Board of Education, Yamanashi	
北杜市考古資料館	Hokuto City Archaeological Museum	北杜市教育委員会	Hokuto City Board of Education, Yamanashi	
塩尻市立平出博物館	Shiojiri City Hiraide Museum	塩尻市立平出博物館	Shiojiri City Hiraide Museum	市指定 Cultural Property Designated by Shiojiri City
山梨県立考古博物館	Yamanashi Pref. Archaeological Museum	山梨県教育委員会	Yamanashi Prefectural Board of Education	山梨県指定文化財 Cultural Property Designated by Yamanashi Prefecture
山梨県立考古博物館	Yamanashi Pref. Archaeological Museum	山梨県教育委員会	Yamanashi Prefectural Board of Education	山梨県指定文化財 Cultural Property Designated by Yamanashi Prefecture
ー	ー	個人蔵	Private Collection	

主な参考文献（50音順）

石神　怡「鯨面文様からのメッセージ」『平成13年秋季特別展　弥生クロスロード－再考・信濃の濃厚社会－』大阪府弥生文化博物館
石川日出志 1987「人面付土器」季刊考古学第19号
伊藤正人 2017「顔を消された土偶たち―今朝平タイプの出現と波及」『東海縄文論集』Ⅱ東海縄文研究会
伊藤正人・川合剛 2000年「東海地方の中・後期土偶」『土偶研究の新地平（4）』勉誠社
今井哲哉 2013「新潟県域における河童土偶の成立と展開―その問題点と今後の展望―」『三条考古学研究会機関誌』第5号
今福利恵 2000「中部地方の初期立像土偶の成立と展開」『土偶研究の地平（4）』勉誠社
岩永省三 1989「装身と祭りの造形」『古代史復元5　弥生人の造形』講談社
鵜飼幸雄 2010『国宝土偶「縄文のビーナス」の誕生・棚畑遺跡』新泉社
江坂輝彌 1960『土偶』校倉書房
牛丸好一 2001「顔真卿紀行」『書に遊ぶ』第9号
小野正文 1987「第3節 土製品」『山梨県埋蔵文化財センター調査報告書21　釈迦堂Ⅱ―本文編―』山梨県教育委員会他
小野正文 1996「ポーズ土偶」『中部高地をとりまく中期の土偶 シンポジウム発表要旨』
金関　恕 1978「造形活動の展開」『日本原始美術体系　5 武器　装身具』講談社
黒沢　浩 1997「東日本の人面・顔面」考古学ジャーナル No416
クロード・レヴィ＝ストロース、渡辺公三訳 1990『やきもち焼きの土器つくり』みすず書房
甲野勇 1939「容器的特徴を有する特殊土偶」人類学雑誌第54巻第12号
国立歴史民俗博物館 1992『国立歴史民俗博物館研究報告第37集　土偶とその情報』
小林青樹 2017「人面付き土器の意味論」『泉坂下遺跡国史跡・出土遺物国重要文化財指定記念シンポジウム　なんだっぺ？　泉坂下』常陸大宮市教育委員会
小林謙一 2017『縄紋時代の実年代』同成社
小林達雄ほか 1990「縄文世界の土偶」『季刊考古学』30号雄山閣
小林康男 2015「4（2）土偶」『史跡平出遺跡　環境整備に伴う発掘調査報告書その1』塩尻市教育委員会
小林康男 1983「縄文中期土偶の一姿相・いわゆる河童形土偶について」『長野県考古学会誌』46
誉田亜紀子著・武藤康弘監修『はじめての土偶』世界文化社
佐原真編 1976『日本の美術 10　No125弥生土器』至文堂
桜井秀雄ほか『佐久市濁り遺跡　久保田遺跡　西一里塚遺跡群』長野県埋蔵文化財センター発掘調査報告書 106
設楽博己 1999「土偶の末裔」『新弥生紀行』朝日新聞社
設楽博己 2007「弥生時代の男女像」考古学雑誌第91巻第2号
設楽博己 2017「人面付土器の定義をめぐって」『泉坂下遺跡国史跡・出土遺物国重要文化財指定記念シンポジウム　なんだっぺ？　泉坂下』常陸大宮市教育委員会
清水芳裕 2010『古代窯業技術の研究』柳原出版
須田剋太 1950「原始と書」・「続原始と書」『書の美』第29・31号
茅野市尖石縄文考古館 2001『仮面土偶発掘の記録』
勅使河原彰 2011「第7章　縄文文化の展開と終焉」『日本列島石器時代史への挑戦』新日本出版社
土偶研究会 2019『国宝土偶　東北北海道からの視点―中期中葉～紅葉―』第16回2019年土偶研究会山形県大会』
土偶とその情報研究会編 1996『中部高地をとりまく中期の土偶』信毎書籍出版センター
原田昌幸 1995『日本の美術第345号 土偶』至文堂
原田昌幸 2010「土偶とその周辺」Ⅰ・Ⅱ『日本の美術』No526・527 至文堂
藤森英二 2017「動く土偶と動かない土偶」『長野県考古学会誌』155号
Murdock,G.P. & Provost,C.,1973 'Factors in the division of labor by sex: a cross cultural analysis,' Ethnology, Vol.12,
三上徹也 2014『縄文土偶ガイドブック―縄文土偶の世界』新泉社
水沢教子 2014『縄文社会における土器の移動と交流』雄山閣
水野正好 1974「土偶祭式の復元」『信濃』第26巻第4号信濃史学会
守矢昌文 1998「長野県諏訪地方における中期後半の土偶」『土偶研究の地平』勉誠社
守矢昌文 2017『国宝土偶「仮面の女神」の復元』新泉社
柳沢　亮 2005「心といのり、そのかたち」『坂北村　東畑遺跡』坂北村教育委員会
八幡一郎 1956「縄文式土器の人物意匠について」考古学雑誌第41巻第4号
『土偶とその情報』研究会 1996『土偶シンポジウム4長野大会『中部高地をとりまく中期の土偶』

未来へのステップとして

長野県立歴史館 館長　笹本正治

　この土偶展は長野県立歴史館の開館25周年を記念して企画したものです。長野県民の皆様に長野県の素晴らしさを実感していただける歴史館になりたい、他県の皆様にも長野県立歴史館の存在を知っていただきたいと、私が館長になった4年前にこれならどうだろうかと計画いたしました。

　土偶展は10月26日から11月10日までの国宝土偶5体が勢ぞろいする前期展「国宝土偶～縄文文化の多様な個性～」と、11月23日から来年の2月2日まで長野県・山梨県の土偶が集合する後期展「中部高地の土偶～暮らしに寄り添う小さな女神～」からなっています。

　4年前は現在ほどの縄文ブームではありませんでした。昨年の東京国立博物館における特別展「縄文―1万年の美の鼓動」によって、一気に火がついた感じがいたします。この折りには縄文時代の国宝6点が勢揃いいたしました。日本を代表する博物館だけに質量とも素晴らしい展示でした。私たちは前期展で国宝土偶5体だけを展示いたします。5体しか並べないことによって、土偶の背後にあった縄文時代人の精神性、造形力、技術などを皆様にしっかり考えていただきたいものです。

　実は私の狙いは後期展の方にあります。平成30年に長野県と山梨県が申請していた「星降る中部高地の縄文世界―数千年を遡る黒曜石鉱山と縄文人に出会う旅―」が日本遺産に認定されました。黒曜石でつながった両県域の縄文文化が評価された結果です。今回の展示品のうち「縄文のビーナス」と「仮面の女神」の2体は茅野市出土です。黒曜石の採掘地や国宝土偶2点の出土地などをセンターとした場合、長野県と山梨県域の縄文文化が強く結びつきながら、いかに高度な文化を築いてきたかが見えてきます。

　長野県にとって日本最古のブランドともいえる黒曜石、縄文時代の国宝土偶は、日本の長い歴史の起点の一つともいえる縄文時代において、長野県域が当時の文化の中でいかに特徴を持っていたか、私たちにとって縄文時代とは何だったのか、その地域的展開はいかであったかなど、歴史認識に多くの視点を与えてくれるはずです。

　私たちにとって25周年は今後さらに高みに進むためのステップの一つに過ぎません。私たちの歩を支え、押してくれるのは県民の皆様です。私たちは未来に向けてさらに歩み続ける覚悟です。そして、県民の皆様に歴史を通して様々な刺激を与え続けたいと考えています。歴史館職員と長野県民が刺激し合いながら、より良い長野県の未来が築かれるよう、皆様のさらなるご支援ご鞭撻をお願いいたします。

特別協賛
千曲市

協力団体
浅間縄文ミュージアム／安曇野市教育委員会／安曇野市豊科郷土博物館／安曇野市穂高郷土資料館／飯島町教育委員会／飯田市上郷考古博物館／飯山市ふるさと館／井戸尻考古館／伊那市創造館／岩手県立博物館／神奈川県立歴史博物館／群馬県立歴史博物館／甲州市教育委員会／甲州市ぶどうの国文化館／駒ヶ根市教育委員会／小諸市教育委員会／栄村教育委員会／佐久市臼田文化センター／佐久市教育委員会／佐久市望月歴史民俗資料館／佐久穂町教育委員会／三内丸山遺跡センター／塩尻市立平出博物館／滋賀県埋蔵文化財センター／釈迦堂遺跡博物館／市立岡谷美術考古館／諏訪市博物館／台東区立書道博物館／高森町教育委員会／喬木村教育委員会／辰野町文化財センター／辰野美術館／千曲市教育委員会／千曲市歴史文化財センター／千曲市森将軍塚古墳館／茅野市尖石縄文考古館／千葉県立房総のむら／津南町農と縄文の体験学習館なじょもん／津南町教育委員会／東京国立博物館／東御市梅野記念絵画館・ふれあい館／東御市教育委員会／土偶研究会／豊橋市教育委員会／豊丘村教育委員会／中川村教育委員会／長野県考古学会／「長野県の土偶」研究会／長野県埋蔵文化財センター／長野市埋蔵文化財センター／中野市立博物館／長野市立博物館／成田市教育委員会／新潟県立歴史博物館／韮崎市民俗資料館／函館市教育委員会／函館市縄文文化交流センター／八戸市埋蔵文化財センター是川縄文館／原村歴史民俗資料館／原村教育委員会／弘前大学人文学部／苗吹市教育委員会／船橋市飛ノ台史跡公園博物館／北杜市教育委員会／北杜市考古資料館／町田市教育委員会／松川町教育委員会／松本市教育委員会／松本市立考古博物館／三重県埋蔵文化財センター／南アルプス市ふるさと文化伝承館／南箕輪村教育委員会／箕輪町郷土博物館／宮田村教育委員会／山形県立博物館／山形村教育委員会／山梨県立考古博物館

「長野県の土偶」研究会
小松隆史／小松学／坂井勇雄／副島蔵人／下平博行／土屋和章／贄田明／濱慎一／福島永／藤森英二／堀田雄二／三上徹也／百瀬長秀／守矢昌文／綿田弘実

個人
井出浩正／伊藤正人／今福利恵／大原成章／氣賀澤進／サイモン・ケーナー／品川欣也／橘正人／成田滋彦／原田昌幸／村上昇／米山好子／リリアナ・ヤニク

土偶展

2019年10月24日　初版発行
編集・企画　長野県立歴史館
　　　　　　〒387-0007　長野県千曲市屋代260-6
　　　　　　TEL 026-274-2000（代表）　FAX 026-274-3996
　　　　　　ホームページ　https://www.npmh.net/
　　　　　　Eメール　rekishikan@pref.nagano.lg.jp
発行所　　　信毎書籍出版センター
　　　　　　〒381-0037　長野市西和田1-30-3
　　　　　　TEL 026-243-2105　FAX 026-243-3494
印刷所　　　信毎書籍印刷株式会社
製本所　　　株式会社渋谷文泉閣

本企画展は日本博参画プロジェクトです

JAPAN HERITAGE
日本遺産

万一落丁・乱丁がありました場合は、お取り替えします。
ISBN978-4-88411-173-1　C3021